感恩

.... 生活之道

星云大师 著

中华书局

图书在版编目（CIP）数据

感恩：生活之道/星云大师著. —北京：中华书局，2010. 6
（2022. 9 重印）
（迷悟之间）
ISBN 978-7-101-07313-3

Ⅰ. 感… Ⅱ. 星… Ⅲ. 佛教-通俗读物 Ⅳ. B94-49

中国版本图书馆 CIP 数据核字（2010）第 039999 号

本书由上海大觉文化传播有限公司独家授权出版中文简体字版

书　　　名	感恩：生活之道
著　　　者	星云大师
丛 书 名	迷悟之间
责任编辑	焦雅君
责任印制	管　斌
出版发行	中华书局

　　　　　　（北京市丰台区太平桥西里 38 号　100073）
　　　　　　http：//www. zhbc. com. cn
　　　　　　E-mail：zhbc@zhbc. com. cn

印　　　刷	三河市宏达印刷有限公司
版　　　次	2010 年 6 月第 1 版
	2022 年 9 月第 11 次印刷
规　　　格	开本/889×1194 毫米　1/32
	印张 6¾　插页 8　字数 80 千字
印　　　数	57001-61000 册
国际书号	ISBN 978-7-101-07313-3
定　　　价	24.00 元

星雲

迷悟一念之间

从二〇〇〇年四月一日开始，我每日提供一篇"迷悟之间"的短文给《人间福报》，写了近四年，共一一二四篇。于二〇〇四年七月结集编成十二本书，由台湾的香海文化出版。

此套书截至目前发行量已近两百万册。曾持续被《亚洲周刊》、金石堂、诚品等书局列入畅销书排行榜，三十一位高中校长联合推荐，以及许多读书会以此书作为研读讨论的教材，不少学生也因看了《迷悟之间》而提升了写作能力等等。

由于此套书具有人间性和普遍性，深受海内外人士的喜爱，除了中文版，其他国家语言的版本有：英文、西班牙文、韩文、日文……全球各种译本的发行量突破了五十万册。尤其难得的是，大陆"百年老店"中华书局也要在二〇一〇年五月出版中文简体版，乐见此套书能在大陆发行。

曾有几位作家疑惑地问我："每日一篇的专栏，要持续三四年，实非易事！你又云水行脚，法务倥偬，是怎么做到的呢？"

回顾这些年写《迷悟之间》的情形，确实，我一年到头在四处弘法，极少有完整的、特定的写作时间。有时利用会议或活动前的少许空当，完成一两篇；有时在跑香、行进间，思绪随着脚步不停地流动，长途旅行时，飞机舱、车厢里，更常是我思考、写作的好场所。

　　每天见报，是一种不可推卸的责任；读者的期待，则是不忍辜负的使命。虽然不见得如陆机的《文赋》所言："思风发于胸臆，言泉流于唇齿"，但因平时养成读书、思考的习惯，加上心中恒存对国家社会、宇宙人生、自然生命、生活现象、人事问题等等的留意与关怀，所以，写这些文章并不是太困难的事。倒是篇数写多了，想"题目"成了最让我费心的！因此，每当集会、闲谈时，我就请弟子们或学生们脑力激荡，提出各种题目。只要题目有了，我稍作思考，往往只要三五分钟，顶多二十分钟，就能完成一篇或讲理述事、或谈事论理的文章。

　　犹记当初为此专栏定名时，第一个想到的名称是"正邪之间"，继而一想，"正邪"二字，无论是文字或意涵，都嫌极端与偏颇，实在不符合佛教的中道精神，遂改为"迷悟之间"。我们一生当中，谁不曾迷？谁不曾悟？迷惑时，无明生起，烦恼痛苦；觉悟后，心开意解，欢喜自在。

　　其实，迷悟只在一念之间！一念迷，愁云惨雾；一念悟，慧日高悬。正如经云："烦恼即菩提，菩提即烦恼！"菠萝、葡萄的酸涩，经由阳光的照射、和风的吹拂，酸涩就可以成为甜蜜的滋味。所以，能把迷的酸涩，经过一些自我的省思、观照，当下就是悟的甜蜜了。

　　曾经有些读者因为看了《迷悟之间》而戒掉嚼槟榔、赌博、酗酒的坏习惯；也有人因读了《迷悟之间》而心性变柔软，能体贴他人，或改善家庭生活品质，甚至有人因而打消自杀的念头……凡此，都是令人欣慰的回响。

《六祖坛经》里写道："不悟，佛是众生；一念转悟，众生是佛。"迷与悟，常常只在一念之间！祈愿这一千余篇的短文，能轻轻点拨每个人本自具足的清净佛性，让阅读者皆能转迷为悟、转苦为乐、转凡为圣。

星云

二〇一〇年二月
于佛光山法堂

星云大师传略

星云大师，江苏江都人，一九二七年生，为禅门临济宗第四十八代传人。十二岁于宜兴大觉寺礼志开上人出家，一九四九年赴台，一九六七年开创佛光山，以弘扬"人间佛教"为宗风，树立"以文化弘扬佛法，以教育培养人才，以慈善福利社会，以共修净化人心"之宗旨，致力推动佛教文化、教育、慈善、弘法等事业。

在出家一甲子以上的岁月里，大师陆续于世界各地创建二百余所道场，并创办十八所美术馆、二十六所图书馆、四家出版社、十二所书局、五十余所中华学校、十六所佛教丛林学院，以及智光商工、普门高中、均头中小学等。此外，先后在美国、中国台湾、澳洲创办西来、佛光、南华及南天（筹办中）四所大学。二〇〇六年西来大学正式成为美国大学西区联盟（WASC）会员，为美国首座由华人创办并获得该项荣誉之大学。

一九七七年成立"佛光大藏经编修委员会"，编纂《佛光大藏经》、《佛光大辞典》。一九九七年出版《中国佛教白话经典宝藏》，一九九八年创立人间卫视,二〇〇〇年创办佛教第一份日报《人间福报》,二〇〇一年将发行二十余年的《普门》杂志转型为《普门学报》论文双月刊,同时成立"法藏文库",收录海峡两岸有关佛学的硕、博士论文及世界各地汉文论文,辑成《中国佛教学术论典》、《中国佛教文化论丛》各一百册等。

　　大师著作等身,总计二千万言,并翻译成英、日、西、葡等十余种文字,流通世界各地。于大陆出版的有《佛光菜根谭》、《释迦牟尼佛传》、《佛学教科书》、《往事百语》、《金刚经讲话》、《六祖坛经讲话》、《人间佛教系列》、《星云大师人生修炼丛书》、《另类的财富》等五十余种。

　　大师教化宏广,计有来自世界各地之出家弟子千余人,全球信众则达数百万之多;一生弘扬人间佛教,倡导"地球人"思想,对"欢喜与融和、同体与共生、尊重与包容、平等与和平、自然与生命、圆满与自在、公是公非、发心与发展、自觉与行佛"等理念多所发扬。一九九一年成立国际佛光会,被推为世界总会会长;于五大洲成立一百七十余个国家地区协会,成为全球华人最大的社团,实践"佛光普照三千界,法水长流五大洲"的理想。二〇〇三年通过联合国审查肯定,正式加入"联合国非政府组织"(NGO)。

　　大师自一九八九年访问大陆后,便一直心系祖国的统一。近年回宜兴复兴祖庭大觉寺,并捐建扬州鉴真图书馆、接受苏州寒山寺的赠钟,期能促进祖国统一,带动世界和平。

　　大师对佛教制度化、现代化、人间化、国际化的发展,可说厥功至伟!

目 录

感恩

　　感恩的人，有感恩的心，他就是好人、好心。

　　感恩的人，就是一个有情有义的人；感恩的人，就是一个内心富有的人。感恩我的父母生养了我的色身，感恩我的师长传授了我的知识，感恩社会大众让我衣食无缺，感恩宗教信仰成就了我的法身慧命。

　　早晨的闹钟响起，虽然惊醒了我的睡眠，但是我仍然感恩时钟提高了我的警觉，让我知道不可以赖床偷懒，应该早起工作。及至起床后，盥洗完毕，拉开窗帘，迎着耀眼的阳光，开始清扫房室。父母兄弟要我下厨供给早餐，亲朋好友来访，要我接待招呼，我感恩自己拥有一个有用的人生。

　　大自然里，和风吹拂着我的身体，清泉涤尽了我的尘虑。远处山林，鸟儿啼叫，花儿芬芳，感恩大自然的美丽，使我心旷神怡。报童送来报纸，让我知道国家大事，关心世界动态；打开电视，随着节目内容，让我开拓视野，遨游世界，融入社会各阶层。

我坐公共汽车，感恩司机给我方便；进入食品店买糕点，感恩商界解决我的民生问题。懂得感恩的人，表示自己富有。感恩我的朋友，给我一通电话；感恩远方的亲人，关怀我的起居；感恩公司老板，给我的教训，让我成长。甚至感恩没有定时的风雨，养成我随机应变的能力。

感恩的人生才懂得付出；感恩的人生才明白富贵。打篮球的人，要感恩对手，如果没有他们，球赛就无法进行。台风肆虐过后，要感恩它带来豪雨，如果没有台风带来的雨水，我就不能生存。

感恩夏天的艳阳，感恩秋冬的霜雪，是它们使稻禾成熟；感恩崇高的山岳，它让我登高眺望，看到广大的世界，从而觉得自己的渺小，才会更加精进；感恩汹涌澎湃的海洋，它的威势让我检讨，使我更加虚心，涵容养量。

感恩家中的小儿、小女，因为他们而增加了家中欢乐的气氛；感恩所养的小猫、小狗，它们平添了家中谈话的资料。感恩的人生，是幸福的人生；感恩的观念，是智慧的财富；感恩的心灵，是丰富的宝藏；感恩的习惯，是做人处事的榜样。人，应该培养感恩的美德，时时心存感恩，人生何其美好！

退票

你有过退票的记录吗？退票是不得已的行为，但也是不负责任的行为。

银行的退票，表示经济的破产；感情的退票，就是离婚，是爱心的缺陷；学业的退票，就是退学，表示教育的落后；职业的退票，就是辞职，会造成社会人我的损失；甚至于现代常发生的自杀事件，就是不珍惜生命，从生命中退票。约好的会议、聚餐，心意临时改变，这都是退票，所以退票是伤感情的事。

乘火车、搭飞机，已经订好的行程，临时改变，别人必须为他多做另外的服务，可见退票是烦人烦己，彼此得不偿失的行为。又如在军队里做了逃兵，这也是退票；出家的僧侣，为了情绪上的一点不适应，就溜单、还俗，这也是退票；情报人员的叛逃出走，甚至友好国家断绝邦交，都算是退票。从政治上的退票，到信仰上的退票、友谊的退票、信用上的退票，都是非常不智之举。

人生应该养成不退票的性格，你看苦守寒窑的王宝钏，她在爱情上不退票；周公护成王、诸葛亮护阿斗，他们都是在政治上的信义不肯退票；印度的甘地，一生向英国发动不合作运动，尽管遭受多次的牢狱之灾，也不肯退票；缅甸的翁山苏姬，为了缅甸的自由民主，受了多次的牢狱迫害，也是不屈不挠，不肯退票；南非的黑人曼德拉，为了向白人争取平等地位，数十年的抗争，因不退票，终于登上总统宝座；韩国的金大中，他在海外流浪逃亡，最后回到大韩民国担任总统，这都是对理想、为国家、爱人民不退票的表现。

在人间，一切都要向前行进，即使前途艰辛，也要屹立不摇，不能后退。一场战争，你后退了，可能遭致更大的失败；一件好事，你退却了，成功的路上，就没有你的一份。所以，我们在道义上，不能退票；在承诺上，不能退票；在忠勇上，不能退票；在患难中，更是不能退票。

你的为人如何？可以对自己退票的次数做一个统计，退票多了，表示你在做人处事上必有问题。

如果你能在名利、权位之中懂得"退步"，这也不失为一种修养，因为在金钱、权利之中退步才是向前。

求职

　　人在世间，都应该要有一个职业。职业有好与不好、有喜欢与不喜欢的。例如当总统，是大家所向往的，但在美国的民意调查中，在美国"总统"这份职业，竟是排名在一百五十名之后；日本的女人，最喜欢嫁的人就是医生、僧侣、教授，由此可知，这三者在日本是最好的职业。

　　现在台湾地区经济萧条、失业的人口增加，对于求取职业的人，真是求职无门，连招几位清洁队员，都有二千人去应考。

　　求职也要有高招，除了自己要有特长外，还要注意自己的仪表与诚意，如果自己没有特殊的能力，或者自己的才艺已太多人有了，就不容易找到自己的理想工作。

　　现在的大学生，找不到工作，是因为社会已不需要办公室策划的人，而生产线、出劳力的人，也不需要高学历，所以大部分的大学生，都会拿着中学的毕业证书去求职。

　　求职的人，不要去拜托别人找职业，因为如此会带给别人压力，要靠自己的专业知识，自己写求职信，表明让老板试用三个月，如此老板一定愿意录用。

求职前，要准备好自己的条件，求职时要经得起面试，如果口试落败了，也要勇敢地面对，一时的挫折失败不要紧，就如考试被刷下来，只要再接再厉，靠着自己的特殊才能，再加上锲而不舍的精神，必定会有成功录取的机会。

现在，常有一些人，在职业介绍所找工作而被骗，所以在找工作时，不但自己要有判断好坏的能力，也要听取家人以及长辈的意见。

求职的人，除了要有能力外，还要讲究做人和语言专长，面试时，还要靠机智，才能获得青睐。有位初入社会的年轻人，当他到一家公司，递上名片，想介绍自己时，却被无情地拒绝。年轻人不以为意，再表示："没关系！我下次再来拜访，请您收下我的名片。"没想到，对方竟将他的名片撕成两半，并从口袋拿出一元说："撕一张名片，赔偿你一块钱，够了吧！"

岂知这位年轻人，开心地收下铜板说："一块钱可以买几张名片，我是欠你的。"随即再递出一张名片。这位年轻人的谦虚、诚恳，终于打动了老板的心。如果求职时，有如此不气馁的精神以及随机应变的能力，一定能够获得录用。

求职时，拿出履历表，帮你面试的人，看你的年纪、经历，就能看出你的能力、人品，以及定性。所以一旦录取了，一定要尽心尽力，主动积极地付出，才能创造自己的未来。

小儿科

　　一般人都认为，小儿科医生的工作很简单、很容易做，其实，要当小儿科医生很困难，因为大人可以望、闻、问、切，而小孩子不会表达，只能凭小儿科医生的经验以及专业技能，去判断幼儿的病症，再对症下药。

　　医院里，大人的门诊有眼科、妇产科、神经科、胸腔内科、泌尿科、脑血管内科、心脏科等各种疾病的门诊，而小孩子的所有疾病，却全由小儿科医生评断，所以小儿科医生，必须是十项全能的。

　　如果没有小儿科的医生，国家的幼苗，如何健康成长？因此我们不可轻视小儿科。

　　现在，社会上也有人将"小儿科"这个名词，喻为嘲讽他人的意思，如吝啬、节俭、不大方，格局不大、小家子气的人，都称为"小儿科"。

　　其实，节俭是美德，而穷人本来就难以出手大方，我们怎能短见地将他们批评为"小儿科"呢？

怎样的人，才是真正的"小儿科"？"焦芽败种"是小儿科；"拔一毛以利天下不为也"是小儿科；自私自利是小儿科；自扫门前雪是小儿科；没有正义感是小儿科；没有公是公非是小儿科；斤斤计较的人是小儿科；气度狭小，没有为众之心的人，也是小儿科。

要如何才能摆脱小儿科之讥呢？要有正气凛然的性格；要有活泼、舒朗而开阔的心胸；要有不计较、不比较的雅量；要有服务的精神、无悔奉献的心；还要有多方学习、增广见闻的精进；以及发心作务、雪中送炭、宽宏大量、善良随缘、任劳任怨、同甘共苦、不拘小节、恩怨分明，勤快踏实、多谋随和，以及幽默的性格。

庄子曰："水之积也不厚，则负大舟也无力。"所以，我们要能多充实自己的知识、语言能力、内在涵养，更要多认识各国文化，常与人结缘，增加自己的交游，并且常能将所见、所闻与人分享，如此就能养深积厚，扩展自己的格局了。

明代书法家董其昌说："读万卷书，行万里路，方知天下事。"除了能知天下事，还能处处为别人着想、能容纳各种观点、接受各种不同的人种，如此还会是小儿科吗？如果你能有南宋陈亮的"推倒一世之智勇，开拓万古之心胸"的志向，如此还会是小儿科吗？

报告

你做事、做人、和人相处，懂得报告吗？

报告，是沟通的方式；报告，是信息的传达；报告，是责任的分担。军人要对长官报告、儿女要向父母报告、学生要向老师报告、干部要对主管报告。

报告的时间要实时，报告的内容要言之有物、有建设性，报告的次序要有条理。报告可以口头报告、书面报告、托人报告，但还是以当面报告较能明白表达。

现今流行的"演示文稿"也是报告。新官上任，需先做出未来计划的演示文稿，以便接受上司的指导；业务人员对顾客演示文稿，让消费者了解商品效用，以利行销；企业人士对股东以及董事们作演示文稿，以便了解资金的营运流向；医生为病人演示文稿，减低患者对病情的焦虑，以利治疗的配合；气象局作台风预报，让民众做防台风准备，以减少生命、财产的损失。

甚至董事长虽是企业的主管，也要召集部下，报告公司营运成败；身处异乡的游子，不断以书信向家长报告，好让家人安心；奉命驻外的使节，紧盯政治情势的变化，以便报告外交得失；甚至位居一国之首的总统，也必须向全民作施政报告，好让人民了解未来的方针和目标；而历史上的忠臣，不惜以死来劝谏君王，不也是一种报告吗？

身居高位的长官，如果没有属下的报告，难以正确指导；带军作战的将领，没有军情的通报，无以研判分析作战方向；团体当中行事，如果不向大众报告，又如何能得到大众的支持呢？因此报告是十分重要的。虽说如此，但同事之间常常怨怪对方向主管打小报告，其实只要行得直、做得正，又何必怕别人报告，往往讨厌别人对主管报告，多半是因为自己有短处怕人知道。

凡是有益大众、有利团体发展的事，都应该勇于报告，因为知而不报，也算是一种妄语。有时，属下也会因为疏于报告而遭上司的责备，甚至得不到长官的谅解、赏识及重用，所以初出社会的新人类，应该要先学会报告。

现今国际间十分重视有关政治、军情、财经、信息等情报，尤其知道的机密越多，报告内容越详细，越会受到上级的重视，因此报告是人生事业的阶梯，可以让你步步高升；报告可以让你得到别人的赏识和重视；报告也是责任的分摊。

因此，我们在社会中工作，无论从事士、农、工、商哪一行业，都应学会报告，才能够沟通人我关系；才能明白事情轻重；才能早做预备，如此才能行事圆满。

后遗症

　　后遗症，就是事先没有深远的考量，以及事物处理不当，所产生的负面影响。

　　计算机打久了，会有视力减退、肩膀酸痛的后遗症；经济不景气，会造成公司裁员、社会问题的后遗症；水灾，造成土石崩塌、河川暴涨、交通不便、农业受挫，水退之后，所留下的垃圾、积土，导致传染病蔓延、病媒蚊孳生的后遗症；媒体过分报道，造成模仿犯罪的后遗症；减肥的后遗症，会导致厌食症；哈利波特、超人的流行，造成小朋友骑扫把跳楼，或是将内裤穿在外面的后遗症；甚至选举买票，必定造成日后贪污的后遗症。

　　孔子云："人无远虑，必有近忧。"人们常常只为眼前的享乐，不去考虑后果，而带来终身的遗憾。

　　如人为的失误，造成火灾，导致生命、财富、健康损失的后遗症；不注重卫生，造成胃肠炎、痢疾等后遗症；不当运动，造

成肌肉拉伤的后遗症；暴饮暴食，造成肥胖以及胃肠疾病的后
遗症；企业恶性竞争，导致厂商倒闭、社会经济问题的后遗症；
疯狂抢购，导致通货膨胀，物价上涨的后遗症，吸毒的后遗症，
造成身心不健康及财富的损失；赌博的后遗症，造成倾家荡
产、亲友远离；吃槟榔的后遗症，则会造成口腔癌、环境污染及
生态破坏；不注重口腔卫生的后遗症，就是蛀牙。

　　《论语》云：一言兴邦，一言丧邦；俗语亦提到"过头饭可
以吃，过头的话不能讲"。人们在说话时，常常因逞一时之快而
造成遗憾，如野狐禅的"不落因果"而堕狐身五百世。这都说明
了语言失误所造成的后遗症。

　　除此之外，国家政策有误，也会造成政治、经济、教育、国
际地位低落的后遗症；宗教政策不健全，如滥传戒法、滥收徒
弟、滥称活佛，也会造成灭亡佛教的后遗症。

　　古德云："上有所好，下必甚焉。"君王喜好的失误，必定带
来人民苦难的后遗症。如李后主，喜欢宫女以帛缠足跳舞，于
是缠足之风盛行，让古代女子，千年忍受残虐的缠足之痛；楚
灵王喜欢细腰，女子们希望能获得皇帝的宠幸，纷纷束腰缩
食，造成了宫中多饿殍的悲剧。

　　《中庸》云："凡事豫则立，不豫则废。"是在警惕我们凡
事要以谨慎的态度，预先想到后果得失，事先做好计划，以防
造成不可挽回的后遗症！

惯性

　　惯性就是累积而成的习性。喜欢看书、听音乐是惯性；布施、行善，是惯性；睡午觉也是惯性；做事拖拉、赖床、有购买欲，也是惯性；随地吐痰、经常迟到、叉腰等，都是惯性。

　　牛顿的惯性定律，说道："静者恒静，动者恒动。"人的善恶习性，也是如此，如果我们不常自我观照，不自我改进，日常的小习惯、小动作，久而久之就变为惯性。

　　惯性就如地球，每天保持等速自转，但生活在地球上的人们，却察觉不出来。如斜眼看人、不予而取、口头禅、摇头晃脑、手脚摆动、讲粗话、挤眉弄眼、讲话大声、说谎、对人苛刻、懈怠、拈花惹草、攀缘、沽名钓誉、好名好利、搬弄是非、喜欢替人戴高帽子、抽烟、酗酒等都因习以为常，而浑然不觉，"如入鲍鱼之肆，久而不闻其臭"。

　　此外，任劳任怨、你丢我捡、随喜功德、说好话、勤奋、节俭、好学不倦、助人为乐、幽默感、欢喜说笑、乐观、运动等，都是久而自芳的好惯性。

佛教经典《大爱道比丘尼经》，提到"女人八十四态"，这就是女人的八十四种惯性；《毗婆娑论》也有提到，佛陀的弟子毕陵伽婆蹉，过去五百世中为婆罗门，生性骄慢，呼婢唤女已成习惯，每次过恒河，都唤河神为"小婢"，虽然佛陀要他向河神道歉，他还是惯性地对河神说："小婢！莫瞋，我与汝忏"；而佛陀的大弟子，头陀行第一的迦叶尊者，有一次他听到四乾闼婆王奏乐，竟然不自觉地手足舞蹈起来，原来迦叶尊者过去生中曾做乐人。可见，习性一旦形成惯性，就很难改过。

唐朝白居易的"惯听梨园歌管声，不识旗枪与弓箭"，以及孟子所说的"生于忧患，死于安乐"，都是在说明，人民如果惯于安逸的生活，这也是国家的危机啊！

除了个人习惯上的惯性外，生活环境、企业政策，也都有惯性。惯性不见得都是不好的，但是，即使是好的惯性，没有做适度的调整，也会脱离社会的潮流，而且很容易被淘汰。

个人改变不好的惯性，才能进步；企业改变惯性，才能另辟蹊径；国防改变惯性，才有危机意识；生活改变惯性，才能多彩多姿。

《后汉书》曰："匪砥匪革，终沦蟹习。"所以，如有不好的惯性，一定要痛下决心改过，以免沦为恶习。

健康食品

　　现代的世界,已进步到了"天涯若比邻"的地步,因此人类的思想、文化、人际往来、风俗潮流、商业发展等,都随着国际交流的日益频繁,而有了很大的改变。

　　目前,国际间最重视、最关心的,就是环保、建筑、经济、卫生、保育等问题。而这些国际间所关切的潮流,都离不开人类的安全与健康。在健康问题中,就属"健康食品",一直是自古以来,人类所关心的重点了。

　　从中国的秦始皇到十六世纪法国的法兰西斯一世,都是一心慕求长生不老药的君主,除此之外,文人间亦有苏东坡的"何须魏帝一丸药,且尽卢仝七碗茶";苏辙的"老去自添腰脚病,山翁服栗旧传方";黄庭坚的"汤泛冰瓷一坐春,长松林下得灵根,吉祥老子亲拈出,个个教成百岁人。"由此可见,食用健康食品,是不论身份、地位、地域之别,是有志一同的希望。

孔子说："食不厌精，脍不厌细。"而现在流行的健康食品，却要合乎自然，且不能太咸、太油、太精致，虽不是长生不老药，但要益于五脏六腑的消化，要增加皮肤的滋润，还要能够抗拒百病。

如水耕植物、海藻片、糙米饭、小麦草、胚芽米、水果醋、低糖、低胆固醇、有机食品等，一些清淡、天然、无人工色素的食品，都被列入健康食品的行列。

现代人，除了注重健康外，更要健美。为了健美，不管花费多少金钱、时间、人力在所不惜。甚至过分的不吃不喝、吃蛆喝尿、生吃辣椒等偏方，这一种盲目跟随的做法，当然有人因此肠胃不适、晕眩，得了厌食症，甚至于赔上了性命。

什么才是健康食品呢？老子云："五味令人口爽"，每天所食，只要能维持生命能量之需，而不过取，就是健康食品。

其实，人除了嘴巴吃之外，眼、耳、鼻、身、心都需要健康食品。眼睛的健康食品，是看有益身心的书籍、影视；耳朵的健康食品，是听好话、听悦耳的音声；身体的健康食品，是舒适、充足的睡眠，以及适度的运动；心的健康食品，是满足、感恩、信仰、沉静、安忍、自在，以及包容、宽心、温和与体谅。

《菜根谭》云："知生之必死，则保生之道不必过劳。"身心健全、生活自在，才是真正的健康食品。

应酬

当今社会，应酬的风气很盛，不论是政治人物、企业家、演艺人员、公教人员，甚至连青年学子、家庭主妇，都到处在应酬。

所谓应酬，就是上餐馆吃饭，上酒家喝酒、喝咖啡、喝茶；上舞厅跳舞，或是打麻将、打高尔夫球，婚丧喜庆往来，以及金钱交易，送名人字画，送珍品、古董等礼品往来应酬，以达到自己的目的。

除此之外，讲话也要应酬。例如平常见面，问："你好吗？"答："托您的福！"到朋友家拜访，也会说："对不起！打扰了！"这些也都是应酬。

虽然每个人都忙于应酬，但所需各有不同。有的人，以应酬来联络感情；有的人，以应酬来拉拢关系；有的人，以应酬来增加名气；有的人，以应酬来扩大交际圈；有的人，以应酬来谈生意；有的人，以应酬来关说请托；有的人，以应酬来升官晋级；有的人，以应酬来打通前途；有的人，以应酬来拉选票；也有的人，以应酬输送利益。

除了个人的应酬外，公事上的应酬，如：行政机构的公关主任，这算是合法的公然应酬；公司行号、政府机关，也都会编列应酬的公关预算。还有学生家长，为了让孩子读明星学校、进入优良的班级，也要与校长、老师应酬；甚至候选人，逢年过节送礼给选民，或透过乡镇公所招待旅游，以及送挽联等，不都是为了"养兵千日，用于一时"的应酬吗？

不当的应酬，带来了社会浮华、敷衍、虚假、不务正业、浪费时间以及生活腐化之弊。宋代诗人陆游的《晚秋农家》中云："老来万事懒，不独费应酬。"可见，应酬是件让人费力劳心的事。老子说，品德高尚的人以言辞送人。这说明了，古德因不重名利、地位，而以学识修养、道德操守与人往来，所以行事能超尘出俗、言行能不倨不诣，更不会汲汲于交际应酬。

最佳的应酬应该是：从政者，以政绩来取得民心；人民代表，以勤于服务获得选票；士、农、工、商，以品质保证、童叟无欺赢得顾客的肯定；朋友之间，以诚信、道义博得友谊；主管，以专业知识、领导能力、识才尊贤得到属下的支持；属下，以忠诚护持、努力负责来获得主管的青睐。

所以，不论什么职业、什么身份，只要自己能克尽职守、品行端醇，即使不去应酬，也能获得正字标志的好口碑，而这不就是最好的应酬了吗！

最后通牒

最后通牒，就是国与国之间，人与人之间，所有往来中止之前，给予对方的最后警告。

国家的法令，都有三令五申，是不能宽赦的，如缴粮、征兵等，如违反规定，政府机关一定会下达最后通牒。如自来水厂对你断水前，会寄通知书下达最后通牒，提醒你没有缴水费；电信局对你电话停用前，也会以电话下达最后通牒，提醒你缺缴电话费；其他如，税捐处的催缴纳税通知，也是最后通牒，以及警政机关，所发布的犯人通缉令，法院所寄发的审判通知书，都是最后通牒；甚至于秦桧陷害岳飞的十二道金牌，也是最后通牒。

父母要求子女上进用功，子女若不顺从父母，父母会给子女警告，这是父母处罚子女前的最后通牒；警察取缔违章、违规、违法，如果民众不照做，警察也会开罚单，下达最后通牒；朋友之间，若有往来冲突、意见不合，在诉诸法律之前，也会先以存证信函，给对方最后通牒；但是，也有如日本偷袭珍珠港，连最后通牒都没有，就发动战争的。

此外，如果亲属被绑票时，接到绑匪的恐吓电话，就是最后通牒；气象台的台风警报，也是安全上的最后通牒；两国的宣战或者提出的条件，也是战前的最后通牒；违章建筑的通知书，是建设局拆除房屋前的最后通牒；当有他国的飞机、船舰，误入我国领空或海域时，我国也会用国际信号灯，给予警告，这也是最后通牒。

夫妻吵架，是离婚的最后通牒；朋友不再来往，是绝交的最后通牒；医院给病患家属病危的通知单，是最伤心的最后通牒；学生不遵守校规，或者成绩不好，而被记过、留校查看，这也是学校的最后通牒；商人轧头寸、跑三点半，是为了得以顺利通过银行的最后通牒。

有的最后通牒，是因你的不在意，或是大意所致；有的最后通牒，是因人为的祸害；有的最后通牒，是走到人生尽头的警告；有的最后通牒，是无法避免的天然灾害；有的最后通牒，是提醒你，忽略了人民应尽的义务；有的最后通牒，是因个人的行为偏差所致。

虽然，"最后通牒"还有补救、改进、反省的机会，不过，不管怎样的"最后通牒"，都是伤感情的，我们最好平常就要多留心，多做准备，不要收到任何的最后通牒。

证据

　　现代是一个讲究证据的时代，如果没有证据，刑事、法律无法判人罪刑；企业金钱往来，如果没有证据也会没有保障。证据可以说是保障人们的权益，也可以说是检调勘查的成果。

　　我们常听人说"实验证明"，这不就是证据吗？警方要缉捕犯人，要有人赃俱获的证据；法官要判人刑罚，要有事实凭证的依据；科学物理的发现，要利用假设和理论，才能证实所言无误；考古的发现，也要以逻辑的推演，才能证明古物的年代；亲情的血缘关系，也要以DNA才能确认证实。

　　社会对证据的重视，是摒弃过去"人云亦云"的缺失，对事件的发生，一定要能搜集出准确的资料，不能捕风捉影、无中生有，而让他人受冤。《资治通鉴》说："兼听则明，偏信则暗。"这就是说明了证据的重要。

　　为了求取证据、有可信度，有时会以测谎机来侦测真相；或是以目击者为证，或者以录像、录音为证，或以"银货两讫"

的收据为证，或是以指纹、脚印为证，甚至购物的结账单、车票的票根，都是可以作为证据的凭证。

不过，社会上有些刑案现场，因遭到破坏，而误了证据的采集；也有一些，为了获得证据，以不择手段的方法，造成他人的伤害，或引发社会问题者，例如针孔摄影机，或是现在的"狗仔队"，都是侵犯别人的隐私，不尊重别人自由的行为。

科技昌明的现代，证据一定要留有"痕迹"，或是"肉眼能见"，以及科学机器能侦测得出的，才能成为可信的事实，否则就无法证实"它"的存在，更难以令人信服。

但是，世间上有一些是无法提出证据的事实，如佛陀所证悟的真理、禅师们内证的境界，这些都不是人们用肉眼所能看见的。由此可见，人类的知识虽然日新月异，但是，仍有时空上肉眼看不见、科学仪器所测不出的真理。

而且，证据也常被不肖分子以收买而得，或是制造假象蒙骗，所以证据的真实度，就要靠检调单位的慧眼来辨明。不过社会上，也有因政治考量而不予以刑罚，或是找不到证据而无法判决，以及因没有证据而无法脱罪的事件，甚至伪证也造成不少的冤狱。

其实，相信证据，不如相信良心，所以千万不要为了一时的私利，以及侥幸的心理而继续作恶，因为因果会给予最后确实的赏罚。

冷静是智慧的门户，勤劳是成功的种子；
感恩是幸福的泉源，忏悔是改过的妙方。

别人灰心的时候，一句鼓励的话，能使人绝处逢生；
别人失望的时候，一句赞美的话，能使人重见光明。

沉不住气

世间上，做人要有修养，沉得住气就是修养，有的人因欢喜、得意而沉不住气；有的人因生气、斗争而沉不住气；有的人因委屈、受冤而沉不住气。总之，沉不住气就是毛躁性急、莽撞失控，就是没有修养的行为。

沉不住气的人，常会将预先得知的事情或机密，任意地传播，因而扯出许多是非麻烦。例如，得知自己中了特奖，即将接受高额奖金，因此得意忘形、沉不住气，而四处张扬，不久后，就受到不肖分子的恐吓勒索。

几十年前，蒋经国先生有一天打电话给某学校校长，告知他将升任为司令，这位沉不住气的校长，难掩心中的得意，立刻打电话告知友人，友人一听，连夜觐见蒋经国。第二天，这位校长司令的位子就换了别人，此即是沉不住气之弊啊！

两军对抗时，沉不住气的一方，必因此而败战投降；运动场上，沉不住气的一方，必因此而自乱阵脚；政治候选人相互辩论，沉不气的一方，必因此而自暴其短；甚至青年初入社会，如果沉不住气，必因此而好高骛远，不能脚踏实地从基层做起。

佛陀在菩提树下，夜睹明星开悟后，又在禅定中沉思了二十一天，才向世人宣说悟道的法喜与见解，这是因为沉得住气啊！世界的伟人，修身养性皆是为了让自己沉得住气，如诸葛孔明的赤壁之战，以及于空城之上的自在因沉得住气而能瞒过敌方；韩信的"明修栈道，暗渡陈仓"，也是因沉得住气而能渡过险难；惠能大师因沉得住气，才能等到五祖给他的印可。

楚汉相争时，项羽以刘邦的父亲为人质说："你如果不立即投降，就烹杀你的父亲。"刘邦响应："我与你曾相约结为兄弟，我的父亲就是你项羽的父亲，如果你一定要烹杀你的父亲，不要忘记分给我一杯羹。"刘邦因沉得住气，所以才能胜过匹夫之勇的霸王项羽。

树上的果实，尚未成熟急于摘之，酸涩不可食；科学的研究，未能再三试验，其中恐或有所误失；人才的选用，没有多方测试，恐不能胜任。未熟先食，未成先用的缺点，都是因为沉不住气的结果，实终不足取也；又如"黔之驴"因无戒心又沉不住气，终被老虎所啖，人们不可不引以为戒啊！

佛法说，众缘所成，等到一切条件具备，则功到自然成，而欢喜、成就，常在沉不住气的情况之下，有所闪失，我们可不慎乎？

七嘴八舌

口"舌"是人们说话时，不可缺少的器官，因此口"舌"可以兴邦，也可以灭国。

为众人服务的民意代表，我们称其为人民的"喉舌"；三国时，孔明先生在东吴，即以"舌战"实现他三分天下的政治理论；佛教中，我们以"舌灿莲花"来形容将佛法讲得精辟深入的法师；当释迦牟尼佛说出极乐世界的景象时，十方无量诸佛即出"广长舌相"，证实释迦牟尼佛所言无虚。

学生在课堂上爱讲话，就是"多舌"；妇女话太多，就说是"长舌"；一些喜欢张家长李家短的人，就是"两舌"；佛教中，多言的人称为"饶舌"；如果一场会议，大家都不开口时，我们就需要有人"七嘴八舌"了。

七嘴八舌，就是让大家无拘无束地自由讨论，每个人都可以提出自己的意见与看法，在这种侃侃而谈、畅所欲言的讨论空间，可以从中听到不同的见解，可以让大家学习表达的能力。

　　所以一场七嘴八舌的会议，不但可以让沉闷的气氛变得热烈，还可以让平常羞于开口的人，勇于表达；一对冷战中的朋友，如果有人七嘴八舌地撮合，如此便可以打破彼此的僵局，让其重修旧好；一件事情的得失，大家可以把不开心或欢喜的事情说出来，如此除了可以了解别人的感受，还可以作为日后处事的方针；一场同学会，大家可以七嘴八舌地谈谈创业心得，以及未来计划，如此可以联络感情，还可以听听别人的经验。

　　如果在一场需要征求众人意见的会议上，大家都不开口，这就是所谓的"你不开口，神仙难插手"。七嘴八舌固然可以让会议热闹，增加意见，但是七嘴八舌的会议，最怕的是无法针对主题，作深入的讨论。

　　中国人，讲话经常不按牌理出牌，而且不按次第发言，常常一个人正在说话，另一个人没有等对方说完话，就插嘴发表自己的看法，此人话声未歇，第三者又再插进来表达自己的意见，如此重叠或是各说各话，到最后就是造成不知所云。

　　有时候，一场讨论热烈的会议，大家七嘴八舌，愈讲话题愈多，到后来的结果，就是偏离了会议的主题。

　　所以七嘴八舌要避免"隔靴搔痒"，说不到重点，而让众人对会议产生恐惧；如果能针对主题，七嘴八舌地踊跃发言，则能达到会议讨论的目的。

　　所以，七嘴八舌用得适当的话，未尝不好，假如用得不当，七嘴八舌也会破坏好事啊！

盲从

　　现代社会上有许多盲从的人。盲从就是依附于他人，没有自己的思想；盲从就是跟随别人起哄，没有自己的主见；盲从就是人云亦云，没有判断事情真伪的能力。

　　群众起哄就是盲从；全盘接收就是盲从；随波逐流就是盲从；随声附和也是盲从；跟着感觉妄念走就是盲从；甚至唯利是图的"墙头草"也是盲从。

　　社会上，不少青年学子，因为盲从而误入歧途，如跟着别人吸食毒品、酗酒赌博，在别人的鼓舞之下逃课、离家，在别人的怂恿之下打架、偷窃。也有的人因为盲从，而崇尚流行的，如蛋塔的流行，让一些盲从者大排长龙等候购买；喝蕃茄汁的流行，让一群盲从者一窝蜂跟着抢购；日剧、韩剧的流行，让一群盲从者，服装、日用、书籍都跟着哈日、哈韩走；商场、证券的投资，让一些没有市场调查，或是经济分析的盲从者，走上亏本倒闭之路。

盲从，主要是由于自己懒于思考，当人们习惯盲从后，处事就会变得敷衍，其所带来的后遗症，就是社会的落后，就是人民的媚外。盲从让自己没有分析善恶的能力，让自己没有表达喜好的勇气，就如有的人在选择学校、选择就读科系时，不是依着自己的兴趣与专长，而是盲从于明星学校或热门科系，而让自己烦恼，终而学无所得。

信仰的迷信也是盲从，如"分身事件"、如"假神通敛财诈欺"、如"看我的眼睛可以接受传法"、又如"杀人属于正当行为"的信仰，以及"提早生命末日，可让飞碟接引至更高的灵界"等，都是人们判断是非能力的缺漏，更是昏昧无知的盲从。

历史上有名的"东施效颦"、人们耳熟能详的"国王的新衣"、寓言故事里的"麻雀想变凤凰"，都是在说明一味听信别人，没有自己的看法，不但失去了自我，更受到世人的嘲笑。

一味接受别人的好恶，是无知的表现，是从众心理，就是没有自信的盲从，就如曹丕所说的"贵远贱近，向声背实"，这都是盲从行为。

老马识途、小狗小便做记号，都是因为不愿意盲从，而能记住路线；苍蝇凭着空气的振动，敏锐地发觉有人要打它，而能在被打到之前飞走，这是因不盲从而能自保；蝙蝠依靠着对方所发出的音波反射辨位，就是因不盲从而能补其视力不良的缺陷。

　　孟子所谓的"尽信书不如无书"，就是要人们不要盲从，不盲从才有智慧，不盲从才能创新，不盲从才能站稳自己的立场，不盲从才能不同流合污，不盲从才能活出独一无二的自己。

三个臭皮匠

　　历史上许多英雄好汉，因为集众人之力协助，而顺利地解决问题，日后，人们常以"三个臭皮匠，胜过一个诸葛亮"来比喻一些平凡的人，联合起来集思广益，所得到的成绩，比聪明绝顶的人更胜一筹。

　　人，都有单打独斗的性格，喜欢创造一个自我英雄的形象。但是，现在的社会是一个集体创作的社会，是一个讲究团队精神的时代，如一个国家的政党、内阁，其团队的表现，以及团队的操守，都是让民众评选政党的条件之一，所以政党的分裂是集体创作必然失败的后果。

　　一场球赛，要由全队球员的集体同心，才能致胜；一个企业，要有各种部门的人才，才能让企业正常营运；甚至吃一顿饭，也是要由农夫的耕种、厨师的手艺，才能吃到美味的饭菜，所以，这个世间是集体创作的世间，集体创作就是佛教的众缘所成，这是世间不变的真理。

"三个臭皮匠"，最怕的是各持己见，不能彼此沟通，不能尊重对方的意见，如此就不能达到集体创作的目的。在团体中，不要太讲究个人的自我表现，要有"我是众中之一"的观念，古云："众志成城、合力断金"，一个人的智慧是有限的，汇聚众人的力量，可以截长补短，增加力量，就如一把筷子绑在一起，就不易被折断。

所以，当你遇到无法解决的困难时，不要将问题放在心底，如此是自寻苦恼，是将自己推向死胡同，毕竟一个人的力量与智慧是有限的，如能将问题与别人讨论，借着众人的脑力激荡，必能激发出一些好点子，并寻求出解决的途径。

社会上，一些合伙经营的公司，或全省连锁营业的商家，其集合众人的基金与力量，常让其他各界刮目相看。如果在团体中，再能营造"输人不输阵"的气氛，就更可以激发出意想不到的结果。

一颗流星，让人有形单势孤的感叹，但是满天流星所形成的流星雨，就能让人们愿意苦苦守候、伫立引颈地等待其壮观的美丽；再看看古代中国历朝的起义军，不也是集合各方草莽英雄，共同推翻王朝的吗？战国初年，魏文侯的养士作风，而让魏国成为战国时代的第一位霸主；齐国的孟尝君，不也靠着各种专长的市井之徒，而让他逢凶化吉吗？所以，集合众人的智慧，融合彼此的差异，就是掌握更多资源。

愚者也有一得，如果能让每个人都能好好地发挥其专长，彼此"互补"，则三个臭皮匠，必能胜过一个诸葛亮，诚不虚言也！

没用的好人

人的种类，大致可分为好人、坏人两种。好人中也有坏人，坏人中也有好人。如劫富济贫的"义贼"廖添丁，就是好人中的坏人，坏人中的好人。

好人应该被人歌颂、受人赞美，但是有一种没有用的好人，却是成事不足，败事有余，其乡愿、懦弱、没有主见、模棱两可的行为，不但不能保护团体，而且对团体无益。不过，因他不害人、凡事忍让不与人争，能够求本分默默做事，所以我们只好称他为没有用的好人。

我们常听人说，某人是好人，但是，好人的条件他具备了吗？比方说，仁慈的道德操守、乐群的精明能干、向上的勤劳服务、利众的专业技能。他具有各种特长，能在各种场合胜任愉快，如此不但是好人，而且是能人。反之，凡事推托不肯担当、没有主见、畏首畏尾、明哲保身而不敢举发坏人的好人，就是没有用的好人；该生气时不生气，该据理力争时不敢据理力争的人，就是没有用的滥好人，此种人是团体成长的滞累，是社会进步的障碍。

所谓的好人，我们应该为其定义：

一、慈悲是好人。慈悲，不可过分慈悲、滥慈悲，如果对坏人也慈悲，甚至藏匿为非作歹的通缉犯，这就是对大众的残忍。所以慈悲的好人，应该是具有智慧、勇敢的慈悲。

二、勤劳是好人。勤劳，不可勤于游荡、玩乐，勤于搬弄是非，勤于制造人间的问题。勤劳，也需要有正勤，如勤于服务他人，勤于修学治身，勤于见义勇为，才能作为好人的标准。

三、勇敢是好人。勇敢，不可逞匹夫之勇、鲁莽无谋、以强为乐、以大欺小、好勇斗狠，如此的勇敢就不能算是好人。勇敢要有仁慈，要有义气，要能敢作敢当，要能坦诚向上，才是好人的条件。

四、明理是好人。明理，不可只会辩理，只会逞口舌之能。说得头头是道，却一事无成，这算是什么好人？明理是从善如流、与人为善，明理是自我要求、量广宽宏，如此才是明理的要诀。

世间上，谁是好人？谁是坏人？光看外表，不容易分别得出，有的人，看起来是好人，但却是"蛇蝎心肠，笑面弥勒"，此种人比坏人更可怕；有的人，看起来是坏人，但却盗亦有道，如《水浒传》中惩奸除恶的梁山泊好汉，如路见不平、拔刀相助的莽夫，都可说是比没用的好人，更称得上为好人。

重点

　　宇宙之大，无量无边，在这无量无边里面的重点，是我们所居住的地球；地球之大，可说是森罗万象，在这森罗万象里面的重点，在于有智慧的人类；人类由眼、耳、鼻、舌、身所构成，其真正的重点是在心脏；心脏的重点，是在生命的活跃，而生命的重点，有人说是健康、有人说是饮食、有人说是金钱，也有人说是爱情，其实，这些都是重点，也可说都不是重点，因为人类最根本的重点，是在呼吸和生存。

　　人类生存的重点是家齐国治、社会安和乐利。但是，其中真正的重点，还是在每个人自我的操守、道德，以及人格。

　　遗憾的是，人都不重视重点，例如讲话唠唠叨叨，不简明扼要，这就是说话没有重点；做事本来可以化繁就简、举重若轻，但是把事情牵连复杂，就没有了重点；读书也应该要有重点，死背死记又把握不住重点，如此则会事倍功半，达不到努力的效果。

　　人情的重点是友爱；金钱的重点是要活用；爱情的重点是要为对方着想；政治的重点是要人民幸福。

　　儿女应以父母为重点；弟子应以老师为重点；信徒应以教主、教义为重点；夫妻以相爱为重点；生活以简朴为重点。煮菜，虽有好材料，但放盐是重点；说话，以言之有物为重点；画龙点睛，点睛就是重点。

　　重点有重点中的重点，例如一栋建筑，材料的坚固是重点、样式的美观是重点、布置的实用是重点，但最重要的重点还是要有人住，如果没有人住，那些重点都是没有用的重点。海峡两岸的关系，和平统一是重点，商人的往来、文化的交流、观光客的穿梭不绝、电讯往来的频繁，这许多都是重点，但是最重要的重点，是两岸人民和谐相处、心无隔阂，如兄如弟、相互尊重才是重点。

　　有的重点，不算重点，因为重点太多了，反而没有重点；有的时候顾忌太多了，也会找不到重点；有时候又要马儿好，又要马儿不吃草，如此也会找不到重点。

　　日常生活中，讲话处事要有重点，重点的观念，是可以训练的。像工作的演示文稿就是重点，统计数字就是重点，图表就是重点；条列式就是重点，做事分出轻重缓急就是重点。所谓"穿不穷，吃不穷，算盘不到一世穷"，算盘就是我们的重点。

　　人生的重点不在一己之生存，而是要能感受到全世界、全法界生命的共同体，人生生命的永续性，才是重点啊！

解决问题

　　人生要解决的问题很多，有能力的人，会想办法解决问题；没有能力的人，都是找理由推诿问题。

　　人从出生后，第一个所要面对的，就是身体健康的问题，如果没有对抗病媒的能力，就会被世间自然淘汰，因此注射预防疫苗，就是解决出生后的第一个问题。

　　及长，入学读书开始，所要面对的，就是大大小小的考试，从小学、初中、高中，一直到大学甚至硕、博士，学校总会出一些问题，来测试你所读的书是否受用。毕业后，求职时也要通过笔试、口试，看你是否有能力解决职场所要面对的问题。

　　出了社会，除了生活上的问题外，还有人际往来的问题、经济问题、婚姻问题、职位升迁问题，以及国家社会问题，乃至兄弟间对父母养老的问题等，真是繁不胜数。

　　现代有些人，遇到了职场问题、学业问题感到迷惘的时候，就以自杀来解决，这是弱者逃避现实的方法，而不是解决问题之道。

当问题发生时，应该先告诉自己"勇敢面对"、"不要退缩"，只有勇于面对问题，才能找出问题的症结点。例如，考试落榜，是因为用功不足，还是准备的方向错误？知道了，再求努力；求职不录取，是因为比我有能力者过多，还是面试时太过紧张呢？知道后，就要多充实自己，并以平常心面对；情场失败了，是因为二人的个性不合，或是家庭教育悬殊？找出原因后，可以挽回固然很好，如果已形同陌路，何不找一个可以与自己合得来的，或是想想自己没有认识另一方之前，不也是一个人自在的过活吗？

知道了问题点，要能人我互调，要能退后一步，要能为别人设想。能吃亏、谦让的人，必定能获得人缘，也必能成为最大的赢家。

解决问题最大的困难，就是"不知道问题在哪里"，连问题在哪里都不知道，要如何解决呢？所谓"当局者迷，旁观者清"，如果自己不能找出问题，可以请问别人，如果别人愿意主动告诉你，你要能虚心接受，如果一再推诿问题，那就无法解决问题了。

解决问题，是克服困难以及进步的动力；解决问题，就如同搬开阻挡在你面前，让你无法前进的石块，当你没有能力以自己的力量解决时，可以请善知识协助，或是听听长者的经验之谈，以求解决的办法，如果你只是一味地逃避，你人生的路，将永远被"石块"阻碍，而不能前进了。

错误

参与朝鲜战争的美国五星上将布雷德利，在《将军百战归》一书中说：我们在错误的地方、错误的时间，与错误的对手，打了一场错误的战争。所以人的一生，都是在错误中学习成长，犯错是可以原谅的，但是犯了错不知悔改，又一再诿过，就是不可原谅的错误。

日常生活中，我们常见到一些可避免，却经常发生的错误，如医院里打错针、开错药、开错刀、拿错内脏、抱错婴儿，或是留下手术器材在病人的体内；媒体将未成年罪犯的相片或姓名，刊登于媒体上，这些都是因大意、疏忽与不道德，造成别人生命的危险，一生背负犯错的阴影与罪业。

广告不实，造成消费者产生错误的认知；航空人员，飞行路线错误，导致飞行事故；结交朋友错误，导致误入歧途；金钱使用错误，导致倾家荡产；教育错误，导致道德行为不良；法官判案错误，导致冤狱枉死；将军误判军情，导致国破家亡；执政的领导者，误用政权，导致民不聊生。

另外，就算是小小的标点错误，也常造成争执与误会，如"今年真好晦气，全无财帛进门"，如果将逗句改成"今年真好，晦气全无，财帛进门"不就成了吉祥话了吗？又如"下雨天留客天，天留我不留"，断句为"下雨天留客天，天留我？不留"；"下雨天留客天，天留我不？留"，其意则完全不同了，所以，标点的错误，如果发生在立遗嘱时，则将造成亲情破裂，甚至于公堂相见。

从水中看到了弓的折射误以为蛇，这是认知上的错误；"恶语伤人六月寒"，这是语言上的错误；"入芝兰之室，久而不闻其香"，这是嗅觉上的错误；"一翳在眼，空花乱坠"，这是视觉上的错误；"朕非亡国之君，臣乃亡国之臣"，这是不肯认错的错误。

一般人，面对自己所犯的错误，总是一再地为自己找理由，一再地为自己辩护，这就是不给自己更新的机会。犯了错，要能勇于承认，并能改过，不能将错就错、一错再错，甚至错而不改，死不认错。

子曰："过而不改，是谓过矣！""人非圣贤，孰能无过？"所以处理错误的唯一方法，就是承认错误，因为认错就是反省，懂得反省才能进步，只要肯改，永远都不嫌迟。就如美国总统华盛顿，因能勇于面对砍倒樱桃树的错误，而成为世人的楷模。

在丛林寺院中，禅师们有所谓"有理三扁担，无理扁担三"，因为那些"理"都是歪理、偏理、假理、错误的道理，将你的理打到没有以后，真理才会显现。儒家所谓"过则勿惮改"，各宗教所谓的忏悔，都是在说明承认错误的重要。错而能改，善莫大焉！

了解通路

"生意兴隆通四海，财源广进达三江"，财务荣耀有了通路，就可以传达十方；还有做事、说话、人情、事业等，你也要有通路才能发展。

一个人出门的时候，想要到达目标，就必须知道通路怎么走。要做一件事情，需要知道有哪些办法才能完成，如果不能了解通路，反而走上叉路，甚或迷路，再想到达目标就很难了。

人间的道路，不只是地理上的环境，其他金钱上的通路、政治上的通路、人事上的通路、社会上的通路、知识上的通路，所到之处都要有通路。

你要想发财，就必须有发财的通路，资本、勤劳、人缘、方便、予人有益、克服困难，这都是发财的通路。还有，银行是你的通路，员工是你的通路，办法是你的通路，假如你没有这些通路，你就没有发财的好运了！

读书你也要懂得通路，例如名师是你的通路，思想是你的通路，融会贯通是你的通路，明理实践就是你的通路。

事业要有事业的通路，人缘好是你事业的通路，产品实用是你的通路，善用人才是你的通路，受人赞叹也是你的通路。

在人情上，你也要了解通路，例如：爱语是通路，利行是通路，施舍也是人情的通路，给予方便是人情的通路，诚实信用更是人情的通路。

当然，男女谈情说爱，要有谈情说爱的通路；朋友相处，要有朋友相处的通路；父母子女居家，要有居家的通路；求人帮助，也应该有求人的通路。

现代人，往往不注重通路，房子建好了，和左邻右舍计较通路，连买了许多土地，也没有预备通路；甚至于不良嗜好毁坏自我的通路，奢华浪费毁坏自己的通路，懒惰懈怠毁了自己的通路，得罪别人也会毁了自己的通路，结怨仇恨也会毁了你的通路，贪财聚敛也会妨碍了你的通路。

如果交通不重视通路，社会怎能进步呢？人事的理路不通达，怎么会做人处事呢？人我之间划了很深的鸿沟，人事的围墙，人情的山岳，挡住了我们的去路，我们还有什么发展呢？

我们上有长官，你要有和长官往来的通路；下有部属，你要有和部属相处的通路。条条大路通长安，所以长安才能成其大，如果人情事理能有四通八达的通路，你还怕不能成功吗？

一个

世间的事物森罗万象，万事万物都不只是一个，形形色色、万千不同。

地球只有一个，假若有两个地球，就要担心地球是否会相撞，所以中国只有一个，就能太平。春秋五霸、战国七雄、三国时代、五胡十六国，就是因为把一个国家分开，所以才会你争我夺，争执不休。现在，海峡两岸的中国人有十几亿人口，大家要万众一心，就好像千军万马一心报国，中国才能强大。

父亲只有一个，母亲也只能有一个，家庭才能相安无事，一个家庭里，假如兄弟姊妹多了，即使是同胞骨肉，也会相残阋墙；反之，养儿育女多了，对年老父母的扶养，就互相推卸，不愿承担。所以三个和尚没水喝，多子多孙未必福。

道路只有一条，就不会走上叉路；大海航线、飞机跑道，就不怕有走错航道之虑；虽然企业界各领风骚，但也会有恶性的竞争，假如在多彩多姿中，能有一个中心、一个领导，就能相安无事。

独生子只有一个，独生女也只有一个。一个，就能受到钟爱。虽说，独木不成林，但是树木丛林并不会互相排斥，而能相互补助。万朵桃花一棵根，就是中国道家所说的一生二，二生三，三生万物，佛教也说一心法界，"一"，一个才是根本。

人的十个手指头，单一是没力量的，十根合起来，凝聚成一个拳头，就有了力量，所以"多"也不必排斥，但是，"多"要能合一！只要能合作，就能统一。太阳一个，让人感到温暖；月亮一个，让人感到清凉，天上的星星千万颗，不也让人感到美丽吗？

有用的话一句就好，一句就能让大众受益，没有用的话，百句千句混杂无益；人有两个眼睛，但木匠在雕塑的时候，要把一只眼睛闭起来，才能看得更准确；人有一个嘴巴，要靠它吃饭，吸收营养才能生存。

松竹为人称道，乃因它一枝独秀，不倚不靠。人类的欲望无穷，开了一家公司后，总想要再发展第二家、第三家，分家连锁，但是遇到骨牌效应时，就不堪设想了；寺院也有所谓的分别院，但是佛祖只有一个、制度戒律也只有一种。所谓众志成城，一不是少，多也是一，只是像这样"一个"有什么不好呢？脚指头本来有五个，但是它长在一只脚上，互不分离，互不相挤，应该算是一个。

俗语说："不怕虎生三个口，只怕人怀两样心。"看起来一心一意，什么都不怕，万法归一，世间万事只要通通化为一个，如一心慈悲、一心行善、一心尊敬，那不就是天下太平了吗? 天下事，合者必分，但分者必合，我们希望社会、国家、种族，都能合而不分，是分而能合，那才是一个美好的人间。

作茧自缚

"作茧自缚"原本是说蚕吐丝作茧，将自己包在茧内，现在将"作茧自缚"比喻人自设框框，让自己陷入困境，让自我束缚起来。

在贪痴、瞋恚的烦恼里不能超出，就是作茧自缚；在金钱、爱执、权利中不能解脱，就是作茧自缚；在贡高、我慢、迷妄中不能远离，就是作茧自缚；在毒品、酗酒、赌博中不能自拔，都是作茧自缚。

作茧自缚就是让自己不自由的行为，如明星林黛、乐蒂、于枫等，为了情而自杀，就是不懂回头转身，而让自己的生活与感情没有缓和的空间，才会走上了绝路。

在生活周遭里，有的人因执着自我的主观，不能接受别人的意见而作茧自缚；有的人因深陷贪婪的沟壑，不懂得知足感恩而作茧自缚；有的人因抱残守缺，不肯接受新知而作茧自缚；也有的人墨守成规地自我禁锢，或是一知半解地故步自封，这都是作茧自缚；甚至没有正见，为邪教所迷，以及不能团结，而让团体分裂，也都是作茧自缚。

看看历史上，不乏因作茧自缚，终而走上不归之路的例子：秦朝时，李斯贪恋利禄，与赵高窜改遗诏，结果被赵高算计，身死族灭；又如民国初年时，袁世凯因权利名位熏心，结果被迫宣布取消帝制，郁闷而抱病不起。

古云："解铃还需系铃人。"将自己囚禁于茧中的是自己，能让你破茧而出的也是自己，如宋朝诗人陆游所说："人生如春蚕，作茧自缠里；一朝眉羽成，钻破亦在我"，所以即使他人愿意为你剥开重茧，也要靠你自己有走出来的意愿啊！

德国诗人歌德，其著作《少年维特的烦恼》，内容描述他二十五岁时，经历失恋的痛苦，以及好友为感情自杀的冲击。没想到，许多青年学子们，看了这本书后，竟然效法自杀来结束生命。这就是作茧自缚，就是在一个自设的范围内钻牛角尖，而让自己没有后路，就是自己吐丝系缚自己，甚至连破茧而出的勇气都没有。

破茧而出，必须承受挫折和痛苦的试炼；破茧而出，必须要能调伏自己的欲望与执着；破茧而出，必须学习反省与接受失败；破茧而出，必须接受新知和增加知识；破茧而出，必须结交善友与增广见闻。

人的一生，在每个阶段都会有不同的考验，如果你能受到风雨的侵袭，仍能破茧而出屹立不摇，甚至经历逆境的淬炼，仍能破茧而出茁壮成长，那你就是迈向成功之路了。

流星

　　流星很美，只是时间短暂，但是其耀眼的光芒，却被人们永远地歌颂。人生也要如流星，在短暂的生命中，创造出刹那的永恒。

　　以前，中国人对流星的殒落，总认为是不吉祥的，甚至解读为将有伟人凋零，或是灾难降临；而西方人，却觉得流星可以带来幸运，对着流星许愿可以实现愿望。现在，每年七八月间，会有大批的人潮涌进山区，惊叹流星划破夜空的璀璨，并学西洋人于刹那间许下愿望，希望能留下永恒的祈愿。

　　曹操曾感慨人生的短暂说：人生几何，去日苦多。其实，人生活得长活得短不重要，重要的是要活得有意义，活得有价值。就如千年的松柏，因长年高寿而让人歌咏，但是，流星的稍纵即逝，却也能让人传扬。又如昙花，总在沉静的夜晚，以一夜的生命，开出令人惊赞的清香；萤火虫，在夜幕低垂的黑暗中，以十四个夜晚，舞出让人欣悦的光芒；彩虹，也总在烈日的雨后，展现出刹那而绚丽的色彩。所以，永恒也好，短暂也罢，总要美丽才好。

人也是如此，有人在世间一辈子，没有留下任何值得后人留念的足迹；有人生命如流星短暂，却能留下令人怀念的光辉。

人生在世，权位名利是一时的，青春年华也是不长久的，金钱田产都是带不走的，要如何在短暂的生命中，留下让后人永怀的生命光辉，才是人们所要探究的。司马迁说："人固有一死，或重于泰山，或轻于鸿毛，用之所趋异也。"所以人生在世，要能散发自己的光和热，服务人群、关怀众生；要能发辉自己的才与学，奉献社会、利益众生，才能受人敬仰，才能令人怀念。

被称为圣者的安慧，被尊为智者的僧肇，唐初四杰之冠王勃；汉朝大将军霍去病；清朝第一词人纳兰性德，以及奥地利音乐天才莫扎特，他们都是在短暂的生命中，挥洒出光彩夺目的成就，而令后人景仰。

所以，一个人的成就，不在寿命的长短，不在权位的高低，也不在金钱的多寡，而在于你德业的崇伟，以及你对人类的贡献。

其实，白天也有流星，但是白天的流星没有人注意，夜晚的流星，因为黑暗的来临，更突显了耀眼的光芒，而能让人赞赏；所以人生的黑暗、挫折不要怕，只要能努力，总会在黑暗中大放光明。

　　有人说人生如幻梦，有人说人生如朝露，也有人说人生如戏剧。其实，只要自己有建树有功业，有益于人、益于国的作为，即使幻灭如聚沫、短暂如流星，又有什么不好。

香格里拉

　　香格里拉是一个理想的世界，有人说西藏是"香格里拉"；天堂是"香格里拉"，陶渊明笔下的桃花源，就是"香格里拉"。其实，真正的"香格里拉"，应该是极乐净土。

　　现在社会上，有许多以香格里拉命名的场所，虽有高消费的设施、高消费的门票，却没有香格里拉的实至名归；也有以香格里拉为名的饭店，取其有如香格里拉般的美好之地，但是，一些饭店里的旅客、商人，在饭店里开会、谈判、交易、投宿时，却勾心斗角、计谋纷争，甚至还做出了破坏社会秩序，败坏道德风俗的罪恶之事，这不就污染了香格里拉的美名了吗？

　　世人都希望自己拥有一个香格里拉，香格里拉究竟在哪里呢？这就要看大家所认定的香格里拉是什么了。

　　虎豹住在山林，山林是虎豹的香格里拉；鱼虾游于江河，江河是鱼虾的香格里拉，飞禽翱翔于天空，天空是飞禽的香格里拉；百花盛开于园圃，园圃就是百花的香格里拉。

人的香格里拉在哪里呢？洋房别墅虽然宽敞舒坦，但是里面的人我是非、计较比较，未必能成为香格里拉；高楼大厦虽然窗明几净，冷暖空调具备，但是在大楼里不能广阔逍遥，所以未必是人人的香格里拉；纸醉金迷、灯红酒绿、香榭歌舞也未必是人间的香格里拉。如果我们能找到内心的宁静、内心的自在、内心的般若，如此，就能说自己拥有了心中的香格里拉了。

如果要拿香格里拉比喻天堂，那这个地方就需要有摇曳婀娜的花草，矗立挺拔的树木；社会上就是要有堂皇的建筑，没有山丘与深坑，没有脏乱与污染，而且要安全平坦、庄严整齐；如果香格里拉是净土，净土里则没有男女的爱染纷争，没有经济恐慌，没有交通事故，没有人我纷争，也没有政治压迫与坏人诈欺。

香格里拉的居民，都是翩翩君子，都是诸上善人，大家都散播欢喜的种子、传递友善的讯息，人人都在做和平的工作，都希望增加美好的事物，这才是人间的香格里拉。

如果我们的社会，所有的人们，彼此间没有仇恨，没有猜忌，没有私心，没有怨憎，大家互相尊重，相互包容，相互赞美，互相帮助，那这个世间，不就到处都是香格里拉了吗？

婚姻

　　婚姻是人类延续生命的合法契约，婚姻是男女经过公众认同的规则。

　　有人说婚姻是赌博，有人说婚姻是存折，有人说婚姻如风筝，有人说婚姻如牢笼，有人说婚姻是恋爱的产物，也有人说婚姻是爱情的坟墓，有人婚前对婚姻视死如归，也有人婚后对婚姻视归如死。

　　总而言之，婚姻大致可分为两种，一种是有感情的婚姻，一种是没有感情的婚姻。古代的婚姻是父母之命，媒妁之言，男女双方在结婚之后，才开始培养感情；现代的婚姻是自由恋爱，男女双方在有了感情之后，才开始谈婚论嫁，不过，现代也有"奉儿女之命"而成亲的。无论是有感情的婚姻，或是没有感情的婚姻，人人总是希望婚姻可以"天长地久"、"百年好合"。

　　古代的女子，生来就注定无法与男子享有平等的待遇，也没有自主的权利，女子晚婚了，就会被议论纷纷，结了婚后，不能与丈夫、儿子同桌进餐，丈夫还可随时找借口"休妻"，女子除了顺受外，还必须遵守三从四德，所谓的三从就是"在家从父、出嫁从夫、夫死从子"；四德是"妇德、妇言、妇容、妇功"。现代的社会，女权意识抬头，已不再像以往的妇女，终生只能扮演着被支配的角色，因此过去大男人的"沙文主义"，已变为"新好男人主义"了。

现代的婚姻是男女平等，男女双方必须互尊互敬，互忍互容，因此胡适把过去女人的"三从四德"，改成现代男士应该做到的"三从四得"，所谓的三从是"太太出门要跟从，太太命令要服从，太太说错要盲从"；四得是"太太化妆要等得，太太生日要记得，太太责骂要忍得，太太花钱要舍得"。其实，胡适的"三从四得"，是提醒结了婚的男女，应该要你我体贴、相互迁就、彼此信任，如此才能维持一个美满的婚姻。

婚姻不能彼此有想要改变对方的念头，而是相互适应对方，尊重对方，彼此给对方空间。现代有些男女，有人为了彼此挤牙膏、脱袜子的方法不同而离婚，这就是太将婚姻当儿戏，也因为彼此不懂得沟通，彼此不愿顺服对方所致。

古希腊哲学家苏格拉底，有个凶悍、唠叨的老婆，经常让苏格拉底在众人面前困窘不堪。有人问苏格拉底结婚的下场是什么？他说："娶一位好老婆的男人，会变得快乐；娶一位坏老婆的男人，会变成哲学家。"所以婚姻必须付出忍耐，还要学

世界处处是财富，且看好事好话好心地；
人间时时皆吉利，但凭真情真义真心意。

爱语如布帛，让人温暖心怀；
好话如美玉，让人喜于引用。

习睁一只眼、闭一只眼，容忍对方的缺点；婚姻必须学习倾听，还要不能事事追根究底，要能时时原谅对方的过失。

　　你要选择一个美满的婚姻、相爱的伴侣，除了你的观念、爱心、经营之道外，还要看你的因缘了。

歌声

　　歌声可以打动人心；歌声可以沟通情感；歌声可以保持青春；歌声可以让人心情愉快；歌声可以抚慰心灵；歌声可以纾解压力；歌声也可以用来助兴。

　　人从在母亲胎内时，就开始倾听母亲的胎音，乃至婴幼儿期，也要听着母亲的催眠曲入眠，可见得歌声让人有安全感；朋友来访时，我们会唱欢迎歌迎接，可见歌声可以表达欢喜之意；学校的毕业典礼时，会唱毕业歌相互祝福，可见歌声可以表达离别之情；甚至许多少数民族的男女，互唱情歌表达对对方的好感，可见歌声可以表达爱慕之情。

　　歌声也可以用于祭祀，如祭孔典礼时，会以众乐和鸣，歌声齐唱，来表达对孔子的尊敬；山地部落祭灵时，会以歌声表达对祖先的怀念；宗教的早晚祈愿，也会以梵音歌声，来表达对信仰之圣者的礼赞。

　　日常生活中，人们会在工作时，以歌声来传达工作的愉快；

在结婚典礼上，人们会以歌声来叙述新人的美德及传递祝福；在选举时，候选人会以歌声来表明团结的理念，及施政的抱负；年节时，人们也会以歌声来传述节日的意义；偏远的少数民族，也会在族人生病时，以歌声来驱逐病魔。

传统的民歌，唱出了人民的食衣住行及风土民情；原住民的歌声，唱出了山地间旷野的声音；军人的歌声，唱出了雄壮与冲锋的士气；儿童的歌声，唱出了幼儿的天真与活泼；甚至唱国歌的歌声，表达了对国家的尊崇与效忠。

歌声可以是桥梁，如邓丽君的歌声让两岸之间一线牵；歌声是拨动情绪的琴，如荆轲刺秦王前，雄壮激昂地唱出"风萧萧兮易水寒，壮士一去兮不复还"，其歌声荡气回肠，让闻者泪湿衣襟；歌声可以是武器，如楚汉相争时，楚军被汉军重重围困，当包围于四面的汉军，唱出了阵阵的楚歌时，让思念父老妻儿的楚军，一片哀声哭泣，楚军因而士气不振，无力反击，因而溃散失败。

歌声可以是弘法的工具，如天主教、基督教的圣歌，以及佛教的梵呗，其天籁之音使人们心灵沉静。

歌声可以是欢乐、悲伤、振奋的；歌声可以是响彻云霄、铿锵有力、温柔婉约的，但是千万不能以噪杂的歌声，让人心烦气躁，更不要让靡靡之音，来让人心沉沦。

螃蟹行为

　　竹篓中，如果只有一只螃蟹时，一定要将竹篓口紧紧盖住，否则螃蟹会沿着竹壁，爬出竹篓子。反之，如果竹篓中，有两只以上的螃蟹时，不需盖上竹篓盖，螃蟹也逃不出去，因为只要其中一只螃蟹，想爬到竹篓口，另一只螃蟹，为了要让自己顺利逃生，就会死命地将前一只往下拖，因此没有任何一只螃蟹可以逃得出去。

　　《红楼梦》里形容螃蟹为"铁甲长戈死未忘"。因为螃蟹没有群我的精神，是唯利是图的表现；是见利忘义，同归于尽的行为；是看不得别人好，没有团队的精神；是没有牺牲小我，完成大我的胸襟；是横行霸道，陷害别人的行为，所以我们常将贪官污吏比作螃蟹，表示他们的横行无忌。

　　家庭里，一般排行老幺的，常是横行不讲理的小霸王；朋友间，也有如少年管仲般不讲理的朋友；商场中，也不难看到垄断市场的横行厂商；社会上，也有敲诈抢劫、横行掳掠的地痞流氓；甚至连政坛，也有不少让生民涂炭、横征暴敛的权贵人物。

一个人，如果没有道德人格，只求个人突出，轻忽团队成功，就是螃蟹行为。螃蟹行为就是播恶遗臭、贻害社会的行为；就是让国家落后、社会不安、家庭不和、朋友不义的行为。

现代的世间，是一个同体共生的社会，但是现代人，往往只求自我的生存，自我的利益，因此才会造成空气、水源、生活环境的破坏与污染。如果人人能具有群我的观念，具有自爱、爱人的公德心，具有关怀社会的胸怀，这才是自利利人的行为。

佛陀在未成佛之前，有一世堕入地狱，他在受无量苦的当下，发愿："愿承担所有地狱众生的苦。"他因这一念为别人、希望别人免于痛苦的慈悲心，而立刻升天。可见，发一念为众的心，这是何等的功德啊！

孔子说："无求生以害仁，有杀身以成仁。"古人把道德看得比生命还重要，认为具有无私之心，拥有牺牲奉献的精神，才是具有高尚品格的人。老子也说："既以为人，己愈有；既以与人，己愈多"，如果我们能施之于众，肯付出，肯为人服务，能舍己利群、和平互助，必能因此而获福无量；反之，自私者、阴怀嫉妒者，其下场昭然若揭，我们应引以为惕！

魔

　　魔，住在我们心里的叫"心魔"，在外面活动的叫"外魔"，它所具有的含意是障碍、扰乱、破坏，凡能扰乱、破坏、障碍好事、断人慧命的，皆称之为魔。

　　魔有内在的"心魔"，如贪爱、嫉妒、瞋恨、妄想、烦恼、邪念等；"外魔"就是金钱、权位、安逸等，甚至阻碍我们行善的亲情，也称为"外魔"。

　　魔有爱魔、恨魔、财魔、利魔和食魔等。现在有所谓魔王、魔神、魔教、魔事、魔境、魔界、魔鬼、魔怪，还有冤家仇敌，都可以称之为魔。

　　一件好事给人破坏了，就会想到这是魔障。所以"魔"不一定是丑陋的，即使是千娇百媚的，只要会引诱我们堕落和犯罪的，都可以称之为魔；魔也不一定是我们的仇敌，就算是我们的亲人，但阻碍我们的善事，引诱我们造恶、犯科，也称之为魔。

　　魔，有的是可瞋的、是丑陋的，但也有可亲的、可爱的、喜欢的。魔究竟是什么样子呢？如果你没有般若智慧，是很难辨别的！

有人把过分妖艳的女人称为魔女；有人把过分讲究权力，陷人于不义的人称为魔王；有的人用一些不正当的方法，让人吃亏上当，称为魔法。魔有很大的力量，甚至于它也可以放光，称之为魔光；它也可以变为天人的样子，叫做天魔，甚至它也可以变成佛的样子，叫做佛魔；很多不实的境界，以及一些幻化不实的境界，就称为魔境。

破坏我们好事的人，我们称他为魔；甚至障碍我们向上的人、事、物，都可以称为魔障；魔，有的时候不是别人，而是我们自己，我自己懈怠懒惰、不知精进，"我"其实就是自己的魔；如果我障碍别人的善行善事，"我"也是别人的魔。

世间上，佛有一半的世界，魔也有一半的世界，我们的内心也是给佛与魔共同占领了，时而佛心，时而魔心。所谓天人交战的内心，就是佛与魔的较量，如果我们能自己检点、正派、向上，就是用佛心来降伏了魔，但是，如果我们懈怠、邪见、懒惰，就是被魔给降伏了。

魔，是千变万化的，它围绕在我们左右，深藏在我们的心里，对我们每一个人都是纠缠不清的。

只要我们有正当的思想，有正派的观念，有正见的思维，有正命的生活，没有无法降伏的魔，只要用佛心、佛力，有什么魔是不能降伏的呢？

睡觉

　　人从在母亲的肚子里，就知道睡觉，所以睡觉是与生俱来，自然天成的行为。

　　这世间，每个人的睡觉姿势、睡觉理由林林总总，各有不同。有人仰着睡，有人趴着睡，有人侧着睡，有人站着睡，有人坐着睡。有人上课时偷睡，有人吃饭时也睡，有人看书时睡，有人看电视时睡，有人听别人讲话时睡，有人因为生病而睡，也有人因为疲累了所以睡。

　　有人说睡觉是生命的奢侈品，有人说睡觉是人生的必需品；有人说睡多了会变钝，也有人说睡不够会变笨；有人说睡觉是为了走更长远的路，也有人说睡觉是为了打发多余的夜。

　　有人随地随处都能睡，有人一定要回到自己的窝才能睡；有的人要听音乐才能睡，有的人要安静无声才能睡；有人快乐、悲伤都睡不着，有人天塌下来也能睡；儿童要听故事才肯睡，婴儿要听摇篮曲才能睡。

有人当睡不睡，有人不该睡也睡；有人睡到天黑才起床，有人别人起床他才正要睡；有人一天睡二三个钟头，有人二三天才睡一次；儿童白天夜晚都在睡，老人想睡睡不着；酒鬼三更半夜才要睡，赌鬼可以整夜都不睡，而植物人，一睡不知何时才会醒。

有人睡觉会磨牙，有人睡觉会打鼾，有人睡觉会说梦话，还有人睡觉会流口水。有人睡觉一夜无梦到天明，有人睡觉一梦看完百年生。

除了人之外，其它的动物，也有千奇百怪的睡觉方式，如海豚是轮流睡，水鸟浮在水面上睡，鸢鸟在树上筑巢睡，鹦鹉踩在木架上睡，白鹭鸶单脚站着睡，豺狼把耳朵贴在地上睡，蝙蝠倒挂着身体睡，猴子把尾巴钩在树上睡，蜘蛛把脚缠着蜘蛛丝睡，马儿打滚就是睡，鱼儿睁着双眼睡，猫头鹰是睁一只眼、闭一只眼睡。

为了避免敌人的侵略，鹦哥鱼在睡前，会在其周围分泌粘黏液，黄羊会跑去与旱獭同睡，章鱼会剩两只触手不住地摆动，鹧鸪鸟集体头向外围成圈睡。

除此之外，也有沉睡的火山，还有沉睡的房地产，有时也会听到人家说"你的耳朵睡着了吗？"或是"别让我们的权益睡着了。"佛教中，也有所谓的"勤修寤瑜伽"，就是要修行者在睡觉时，仍要保持警觉，不要忘记自己所做的功课。

睡觉是恢复体力的方法，适当的睡眠可以让人精神焕发，但是不可以贪睡，贪睡则会让人生空过，误了学习的因缘。如阿那律尊者因佛陀说法时打瞌睡，而被佛陀喝斥："咄咄汝好睡，螺蛳蚌蛤类，一睡一千年，不闻佛名字。"

　　好的睡眠，胜过任何的营养补品，所以提醒经常熬夜的人们，一晚的熬夜，是三天都补不回来的，适时的睡眠，才是再出发的动力。

站起来

　　在哪里跌倒，就要在哪里站起来。

　　人的一生，波波折折，难免会跌倒，跌倒了并不危险，危险的是跌倒了站不起来。

　　一个孩子要学会走路，总要在不断地跌倒中学会如何站起来。跌倒了，只要能面对困难，从失败中获取经验，勇敢地站起来，必能成功。就如学滑雪，老师授课的第一个步骤，就是教你跌倒时如何爬起来；学习冲浪的第一个项目，也是教你在大海中，如果冲浪板翻了，要如何重新站起来。所以，要成功之前，必须先学会跌倒了要如何站起来。

　　让克莱斯勒汽车从破产边缘起死回生的艾科卡说："即使遭逢逆境，仍该奋勇向前；即使世界分崩离析，也要不气馁。"人生，就怕遇到一点挫折就站不起来；就怕遇到一点失败就一蹶不起。世间上，成功的人物，都是在跌倒挫折中，凭着自己的理想，以及不屈不挠的毅力，勇敢地站起来，而跨向成功之路。

就如美国"联合保险公司"的董事长史东先生，他幼年丧父，为了替母亲分担家用，于是出去贩卖报纸，当他进入一家饭馆叫卖报纸时，一次次地被老板赶出来，甚至踢出去。最后，以他不达目的不死心的毅力，感动了客人买他的报纸，最后终于成为美国的商业巨子。

台湾刘侠女士，虽患"类风湿关节炎"，让她不能行动，她不向厄运低头，并且乐观自信地面对人生；英国瓦特，在母亲去世，父亲生意失败，连资助他的人，也因经济不景气而倒闭的情况下，他仍然坚持自己的理念，花了二十年的时间，发明了蒸气机。

因《五体不满足》而广为人名的乙武洋匡、天生无臂的杨恩典、罹患罕见疾病的杨玉欣、曾获得十大杰出青年的脑性麻痹者黄乃辉，他们都是在人生的厄运中，不自叹自怜、不自怨自艾，而以坚强的意志力站起来，积极地面对人生的挑战，创造出不凡的生命。

世间，没有人能无风无浪平顺地过一生，但是逆境绝非人生的绝路，元朝范梈云："人生万事须自为，跬步江山即寥廓。"当你爬起来向前跨步之时，就是向成功之路迈进了。

人生的苦难不要紧，挫折不要紧，障碍不要紧，甚至失败了也不要紧。但是你要能站起来，站起来就是力量，站起来就是面对目标；站起来了，前途就有希望，人生就会成功。

船

船是人类征服地球百分之七十八面积的工具。

人类，为了征服奔腾的河流与大海，制造了船，从此船就与人们的生活息息相关。

人类靠船发现新大陆、利用船下海找宝藏、搭乘船遨游世界，西方征服亚洲也是靠船为工具，甚至三国时，诸葛亮以"草船借箭"，而让周瑜自叹不如。

在一个团体中，以"同舟共济"勉励同心协力；交到不好的朋友或投资错误，以"误上贼船"来形容；事情变得令人出乎意料之外，就说是"阴沟里翻船"；形容夫妻缘分的难得，我们说是"十年修得同船渡，百年修得共枕眠"；而以"汪洋中的一条船"，比喻人生的漂泊艰辛。

我们也常以"学如逆水行舟"来鼓励学子；以"一帆风顺"祝人事事顺利、旅途平安；在爱情上，有人"脚踏两条船"；在处事上形容人的决心，如"破釜沉舟"；度量宽大的人，称他为

"宰相肚里能撑船"；对于爱莫能助的事，就解嘲地说"船到桥头自然直"；而菩萨的慈悲，则称为"倒驾慈航"。

船是古今南北往来的重要交通工具，因此，"船"成了诗人抒发送别与乡愁之情的体裁，如清人施闰章的"岁暮归舟一叶轻，歌残酒罢泪双倾"；苏轼的"无情汴水自东流，只载一船离恨向西州"；张若虚的"谁家今夜扁舟子？何处相思明月楼"；温庭筠的"过尽千帆皆不是，斜晖脉脉水悠悠"；李清照的"只恐双溪舴艋舟，载不动，许多愁"。

除此之外，荀子亦将领导者与民众的关系，比喻为船与水，说明民众能将执政者推举拥戴而出，也能将其推翻淹没。

在佛教中，船有得度、有到达彼岸的意思，佛法如"船"，可以往来生死的河流。在修行的法门中也有所谓的"般舟三昧"；《忍辱经》里亦提到"忍为大舟，可以渡难"；六祖大师就是靠师父以船渡他离开，才有"迷时师度，悟时自度"这一句话。

船，亦是人们的家，如荷兰阿姆斯特丹的船屋；又如曼谷，船不但是居家，其水上"流动货摊"，更形成了"水上市场"，让居住在陆地的我们称奇；现代也有人退休后，过着"浮家泛宅"的船生活；而一些难民、渔民们，也都是以船为家；此外，船还可以供给人们竞赛娱乐之用。

我们也要如船，能护人渡过湍急的彼岸；如船能承载万物、给人依靠；如船让苦海中的人，有得救的希望。

你愿意做船吗？

评鉴

　　古代的"御史"，就是管考核的官员，专任评鉴、弹劾之职。同样的，现代机关、学校，企业，也有评鉴委员会、正风室等，以审核各单位的绩效。

　　评鉴是为了发现问题；评鉴是为了进步；评鉴是为了确认发展方向；评鉴是为了品质保证；评鉴是为了制度的认可；评鉴是为了检讨与反省；评鉴是了解需求；评鉴是改革的依据；评鉴是努力的动力；评鉴是升等的依据；评鉴是奖罚的标准；评鉴是保护消费者的方法；评鉴是了解属下特质的管道。

　　评鉴，除了产品要评鉴、团体也要评鉴，乃至国家的国防、政府机关、社会经济、教育方针、民间社团，都要有评鉴。此外，厂商的营运、工商界的事业投资、政治人物的问政绩效、官员的操守，也都要有评鉴，而这些评鉴的结果，都要能公诸于世，才能达到评鉴的目的。

　　子曰："吾于人也，听其言而观其行"，而现代评鉴人的方式，除了主管对属下言行的评鉴外，也有同侪间的评鉴，以及用舆论来评鉴，或者找第三者来评鉴，因为旁观者清，且彼此无利害关系者，较为公正。不过，无论用哪一种方式，评鉴都要以"客观"为主。

现代的社会，升学要考试，国家公职的征才要考试，出国进修要考试，甚至升等晋级也要考试。有人说，以考试来评鉴人才难有公道，虽然考试不是一个评鉴好的方法，但在没有更好的办法时，考试不失为一个好方法。

除此之外，个人也要能愿意摊在阳光下，接受别人的评鉴，因为经得起评鉴的人，才有资格做公众人物；经得起评鉴的人，才能知道自己拥有多少实力。自古以来，能人义士、节妇烈女、忠臣孝子，都是禁得起评鉴的人。

负责评鉴的个人或单位，除了要有好的名望，以及公平、正直、诚信、清廉的操守外，也应该被他人评鉴，如此才能昭信于人。

日常生活中，人们也要常常自我评鉴，如曾子的"吾日三省吾身，为人谋而不忠乎？与朋交而不信乎？传不习乎？"这就是古人的自我评鉴。

孙中山先生云："佛教为救世之人，佛学为教世之母，可补法律之偏。"因为佛法可以防患于未然；佛法是自制自律的评鉴；佛法是良心的评鉴。但是，内在的评鉴不成，就要靠外在的法律规章来评鉴了。

将评鉴结果，作为日后学习、改进、反省、继续努力的方针，补足自身的不足，保持优良之处，甚至精益求精，这才是发挥评鉴的功效。

棒喝

棒喝是禅宗的一个专有的名词，意思是：老师教导学生，不一定要用柔软语言，不一定要用开示说明，只要大喝一声，或是给你几下棒打，让你自己去省思参悟。

棒打，是出自有名的德山与黄檗禅师的教学；大喝一声，是出自临济义玄禅师的风格，故有"德山棒，临济喝"之称。

棒喝看起来是体罚，是责备，但是它是非常慈悲、非常含蓄的，一般不够资格的学生，是不容易得到老师的棒喝。马祖禅师的一喝，让百丈禅师耳聋三日，黄檗和临济师徒，不得道者是三十棒，得道者也是三十棒，这是禅的妙用，也是最高的教育。

说到教育，现在社会上提倡爱的教育，老师们苦口婆心、循循善诱，学子们却不一定能领受。反而一些擅于教学的禅者，霹雳一声棒喝交施，不但能让你当下意解，甚至还能让你开悟。

佛门把学生分为三等：上等生，能承受得了棒喝教育；中等生，只能领受语言开示的教育；下等生，即使你给他爱心的教导，他不但不接受，还会扬长而去，这就不能成为教育了。

佛经里也有以骑马来比喻教育：上等的马，只要有人坐上去，它自己就知道要走；二等的马，需要扬鞭才能了解要上路；普通的马，就必须用鞭子打在其身才会跑；劣等的马，即使你鞭打它，它不但不跑，反而睡在地上。

中国的教育一向是"严师出高徒"、"师严而道尊"，我们到寺院参拜时，看到拿着宝杵的韦陀，与满脸笑容的弥勒。不论是韦陀的宝杵，或是弥勒的笑容，都是在说明对众生的教育，有时会给你以力的折服；有时会给你用爱的呵护，就如同父母教育子女有"父严母慈"的方法。

西方人的教育，在婴儿期一两岁时，父母就让他睡在露天的地方，或者将他丢入游泳池里，训练其求生的能力，即使长大，到了青少年时期，也是让其打工、洗车、扫地、端盘子，训练其自食其力的能力，这不是父母不爱他们，而是希望他们能经得起风霜雨雪的考验，才能成为有用之材。

俗语说："棒下出孝子"，又说："惯养无孝子"，这就是棒喝的教育。没有严厉和慈悲的父母，很难教育出优秀的子女，没有棒喝的手段，弟子也难成大器。棒喝体罚不是不好，而是要看他是不是材料。反之，别人是要呵护你，还是要对你棒喝呢？就端看你给人的评价而定了。

学位

　　读书的目的是什么？有的人为了敦品励学，有的人为了谋取生活，有的人为了明理，有的人为了求取知识，甚至于有的人为了求得学位。女士有了学位，可以当嫁妆；男士有了学位，可以升官发财。

　　其实，有学位的人，不一定有能力；有能力的人，不一定要有学位，所以学位不能代表一生的成就。

　　有时侯，学位可以让人晋升发达；有时侯，学位也会带给人失败，因为如果你只有初中学历，别人只会以初中的程度要求你，即使你说错话、做错事，别人也能谅解你；你不懂、不会的地方，别人也会耐心地教导你。

　　反之，如果你有硕、博士的学位，别人就会用硕、博士的标准来要求你，你如果达不到那样的标准，别人就会嘲笑，甚至轻视你，而你也可能会碍于面子问题，不敢向他人请教，而让别人不能谅解你。所以学位可以带给人成就，也会让人受到挫折。

学位，是学而有识，学而有位。在古代，学位就是状元、榜眼、探花；以现在而言，学位就是硕士、博士了。现代的人，有的是用自学来取得学位；有的是用苦读来取得学位；有的是用金钱来买学位；也有的人是用蒙混来获得学位。其实，有没有学位，不是很重要，重要的是，要有真才实学，不是靠实力取得的学位，只会造成自己的负担与学习的障碍。

现代先进的国家，对学位不见得重视。有人说：美国获得博士学位者，满街都是。所以，现代的社会，要谋得一份职业，必须靠真本事，才能获得主管的青睐。

古人要"藏拙"，而现在的人却要"藏学"，因为在计算机化的今日，已不需要那么多坐办公室的人，因此有些取得学位者，反而拿着中学的毕业证书，去谋取劳动的职业。

社会上有些没有学位的人，其作为与涵养，仍然能受到世人的肯定，如王云五、齐白石、罗贯中、施耐庵、曹雪芹、张大千等，他们都有社会公认的学位资格。所以一个有办法、有能力的人，不一定要取得学校所颁发的学位。

学位实至名归固然很好，但是将自己放在适当的位子更重要。如微软公司的总裁比尔·盖茨，他大学没有毕业，不也创造了世界计算机软件的奇迹吗？日本一位默默无名的研究员田中耕一，他没有硕、博士的学位，在大学时成绩也不好，二〇〇二年却获得诺贝尔化学奖。所以一个人的成就，绝对不是来自于学位，又如孔子、孟子、耶稣、佛陀，有谁给过他们学位？

学位不重要，人品道德才重要；学位不重要，努力、创造才重要；学位不重要，自己如何定位才重要。

三寡

清朝曾国藩先生，一向被认为是重视修养的人，他能在十个"三"字上用功，如三忌、三薄、三实等，以减少人生的过失，其中以"三寡"最为人所效法。

此三寡就是：第一，寡思虑以养神；第二，寡嗜欲以养精；第三，寡语言以养气。诚哉斯言也。

现在以这三寡来说明：

第一，寡思虑以养神。思有两种，一是思想上的考虑，二是思念上的忧虑。思考就是思想，人应该要有思想，才有生命的内涵，但是思念的忧虑，会让人耿耿于怀、颠倒妄想，人需要的是思想见解，而不是思虑妄想，因其对身心无益也。

第二，寡嗜欲以养精。欲有两种，一是善法欲，二是染污欲，如果是善法欲，则多多益善，例如要发展企业，要读书求学，要服务社会，要成家立业，这都是人生不可或缺的欲望；染污欲，就如沉迷于情欲，沉迷于爱欲，沉迷于名欲，这就太损伤精神了。欲，要持之于中道，世间人都有欲，但是当利欲熏心，且超过了头，就是所谓的欲火焚身了。

第三，寡语言以养气。人在世间，语言是不可缺少，也是最方便的沟通方式。长者对子弟的开示，朋友彼此间闲话家常，学者、政要对社会大众发表演说，都需要用到语言，所以语言是人与人之间，沟通协调最重要的方法。但是，语言太多了，或是闲言杂语，唠叨不绝，就会伤神了。你看有些人因语言太多而造成喉咙的失声沙哑；选举时，参选人、助选员沿街呼喊："救命救命！拜托拜托！"看他们伤身害神的情形，就知道语言过多是不益于健康的。所以语言该说的就说，不该说的就要节制，才不会伤元气。除了语言要节制外，在金钱的花费与时间的使用上也要节制。

曾国藩先生的三寡对人生的修养，是很好的座右铭，但是人生求大、求多、求好，是很自然的，求寡就难了，就如钻石我们要求其大，黄金也要求其多，权位也要求其高，而寡是"少"的意思，也就违背了一般的常理，所以就要限制心中要大、要多、要高的贪念，而把身心过重的负担放下。

现代人，就是因为不胜负荷，才会常喊"压力！压力！"所以人生有一些东西要能"寡"，如少烦少思、少情少爱、少欲少恼，但是寡廉鲜耻，寡信寡义，寡德寡学，那就不应该了。

不可能

当我们有一个理念的时候，就会产生两种看法：一种是"可能"，一种是"不可能"。

在一个没有恒心毅力的人前面，所有的"可能"都会变成"不可能"；在一个有魄力、有智慧、有远见的人前面，一切"不可能"的事，也会变成有"可能"的事。

世间上许多可能的事，给有"不可能"观念的人处理，一定不可能成功；反之，将一些"不可能"的事，给锲而不舍的人处理，他必会想办法实践完成。

人，梦想如鸟一样，在天空飞翔，发明了飞机以后，人不是在天空中翱翔了吗？人，想要和鱼一样，悠游于深海，发明了潜水艇以后，人不是在海底活动了吗？煤矿藏在几千公尺的地底下，不是也有人肯开采吗？上万尺的高山，不是也有人攀登上去吗？甚至人类都已登陆到月球上了，还有什么外层空间星球之秘，不能被解开呢？

有不少被医生宣布无法治疗的癌症病人，但凭愉快心情与求生毅力，与病魔对抗，也能因此而痊愈，如高行健先生，因诊断得了癌症，而出外旅游，因此写下受人肯定的巨著；又如京华城的沈庆京，在濒临穷途末路的人生旅途中，受尽了饥寒的折磨，因对人生的前途充满了希望，而继续努力，最终获得了成功。

秦朝末年时，刘邦只是一个小亭长，哪敢奢望当皇帝，后来不也成了大汉皇朝的开国皇帝！元朝末年时，朱元璋原是皇觉寺的沙弥，后来不也成了明朝的开国君主吗？

佛经里记载：一位贫穷的乞丐女孩，被正在狩猎的国王看中后，带回宫中封为皇后，一时之间，不也是乌鸦变凤凰吗？中国的一位卖油郎，无意中接到了贵族美女抛下的绣球，这不就成了一步登天的富豪吗？所以世间上没有什么是"不可能"的事，当风云际会，因缘成熟时，是都有可能的！

植物需要泥土才能成长，现在的水耕蔬菜，不用泥土也能发出青枝绿叶；现代已能沧海变桑田，桑田变沧海，这世间还有什么不可能的呢？在科学家的研究室里，是没有什么不可能的；在探险家的生命里，也没有什么不可完成的任务。

原本三餐不继的罗琳女士，自从出版了《哈利波特》之后，成为英国亿万富翁；从小瞎了双眼的密尔顿，在他奋力不懈的努力后，终于成为伟大诗人。

只要我们有毅力、有远见、有信心、有智慧，没有什么是不可能的事。所以，我们一起努力吧！

水火兼容

人与人之间，交情深厚，被形容为水乳交融；如果二人相处不和谐，就被说成是水火不兼容。水火不兼容，这就是说明了水火的关系。一般的说法，水火是相克的，但是在台湾的关仔岭，就有"水火同源"的地方，这不就是水火兼容吗？

在严寒的冰块里还有温度，温度就是火；严寒冰地里也有暖流的存在；在严热的火焰里，也包含了水的成分；将水烧滚，水不也是有火的存在吗？水能灭火，火也能蒸发水成为云气，这些不都是在说明，水火虽然相克，但也可以兼容的道理吗？

世间上没有一样东西，可以因为自身的强大，而独立存在的。如坚硬的破铜烂铁，能被火烧炼成为钢筋；柔软的水，能够浮载沉重的舟筏；遇到生性刚强者，以柔和之道就能胜他，所以世间是相竞相生的，万物只要能包融，没有不能同时存在的，物质如此，人为什么不能兼容相生呢？

一个国家，需要有文人，也需要有武将；一个社会，需要有士、农、工、商，也要有专业人员；一个公司里，要有负责谋略策划的人，也要有负责实践的人；在一个家庭里，兄弟姊妹的个性，有活泼的，也有文静的，尽管性格不同，但大家要能上下尊卑、相互欣赏，彼此根据各人的兴趣分工合作，如此就能多彩多姿；反之，每个人都自高自大、相互轻视、互相抵制，如水火之不容，则社会国家如何才能祥和地生存。

佛教四大皆空的地、水、火、风，就是彼此兼容才能生存。例如，人因为四大调和，所以健康无恙；天地如能风调雨顺，人民就能五谷丰收；植物如能干湿适中，就能开花结果，这不都在说明地、水、火、风兼容的道理吗？

现在一些国与国之间不能兼容、民族与民族间不能调和、人与人之间不能相处、宗教与宗教间不能相互尊重、种族与种族间相互歧视的情况，这就是不能彼此包容，就是火水不兼容。火水不容者，是违反自然的轨则，是必定因不容他人，而自取灭亡的。

这个世界，不单只是一个因缘和合的世界，而是众多因缘相依相存的世界，如同眼、耳、鼻、舌、身共同存在，才能成为一个健全的人，如果少了一个就是缺陷，少了一个就不能圆满。

最近，越来越多的科学家发现，未来最大的能源是藏在海底，其海底的冰冷，能够"燃烧冰块"，而让水合甲烷的能源以"晶体"形式存在。冰的冷度所形成的热度，这不就是水火兼容了吗？既然水火都能兼容了，我们人类间不同的兴趣、不同的性格、不同的文化、不同的种族、不同的宗教，为什么不能相互包容呢？

回归

　　回归，就是回到原有、原点、或是回归本有、本质的意思。如回归自然、回归传统、回归古有、回归本行、回归祖国等。

　　落叶归根是回归；饮水思源是回归；认祖归宗是回归；迷途知返是回归；发露忏悔也是回归自己清净的本性。

　　佛陀在菩提树下成道时说："奇哉，奇哉！大地众生皆有如来智慧德相，只因妄想执着，而不能证得。"这就是说人们流浪生死，而不能回到本有的涅槃。

　　你看！每年的秋季，总会有无数的鲑鱼，逆流而上产卵，这就是回归故乡的生死之旅；毛蟹每年在时序前后，成群结队的历经劫后余生，回到大海传宗接代，这就是为让生命延续的回归；诗人龚自珍的"落红不是无情物，化作春泥更护花"，这就是落花腐化后，成为养分的回归。

　　回归是离乡游子的愿望；回归是迷途知返者的向往；回归是母亲期待子女的心情；回归是征战塞外的英雄好汉的期待。

如李白所说"由来征战地，不见有人还"；苏轼的"我欲乘风归去，又恐琼楼玉宇，高处不胜寒"；孟郊的"慈母手中线，游子身上衣；临行密密缝，意恐迟迟归"；甚至三国时，关羽的"身在曹营心在汉"，其回归的心情，让他留下了义薄云天的真情。

现代人，迷于外境尘劳，而失去本自具足的真心，就如赵州禅师，八十岁时出外行脚，及至归来，才知道倒空费了草鞋钱；明朝的憨山大师，也慨叹地说："滚滚红尘古路长，不知何事走他乡？回头日望家山远，满目空云带夕阳。"人们一味地向外追求，而流浪"他乡"，走了许多冤枉路后，才知道汲汲追求的宝藏，其实就在自心中。

回归，要有欢喜与希望回家的感觉；回归，要立定目标后，决不犹豫赵趄；回归，要有勇气承担迷途的过错；回归，要有想当然尔的信念；回归，要有决不回头的毅力；回归，要有明确的方向。

回归，固然要靠自己的反省，还要有外在的因缘，以及善知识的引导。所谓"回头是岸"，经商者，如果不顺利的时候，就要回归到本行；修行的人，如果遇到挫折了，就回归到你最初的发心；是游子，就回归到母亲的怀抱吧！

自我定位

　　有一次，颜渊、子路和孔子在一起，孔子说："大家何不说说自己的志向呢？"

　　子路说："愿车马衣裘与朋友共，即使坏了也无憾"；颜渊则回答："愿不夸自己的长处，不表自己的功劳。"子路反问孔子的志向，孔子道："愿给老者安乐、给朋友信实、给幼少关怀。"这就是古人的自我定位。

　　人从懂事后，就有理想、有抱负，希望将来做科学家、文学家、历史学家、歌星、演艺人员，甚至于地区、国家领导人。但是，没有人定位要做农夫、工人，因为农工常被误认为是层次较低的行业。其实如果你能朝着"自我定位"的方向努力，即使是农夫，也能成为农业学家；即使是工人，也能成为建筑专家。就如一九七〇年，获得诺贝尔和平奖的"绿色革命之父"柏洛格，他就是以研发高产小麦品种而得奖的。

　　虽然，从小到大，人们的"自我定位"，常随着年龄、知识、

见闻的增加、外在的因缘而改变，但是，"我要做一个好人"，是
不能改变的自我定位。

就如，自我定位我要做一个清道夫，因为我要净化社会环
境，造福乡里；我虽然功课不好，但我要有孝顺父母的情怀，我
要有感恩的美德，我要乐善好施，我要做救苦救难的人；即使
我是乞丐，我要如武训兴学利众、修桥铺路。如此自我定位，你
就是对世间有贡献的人，而不会成为国家的负担。

出家人，也要自我定位一生都是出家人，无论受难、辛苦都
不改变出家的意志，如驮骠比丘一生帮人送单点灯；诸葛亮扶
佐阿斗，一生竭智尽忠；黄埔的老军官，定位一生为老连长；马
偕博士，以一介外国传教士滞台，终其一生奉献台湾。他们都是
自我定位成为爱乡爱民、艰辛苦难无怨无悔者。

"秋风秋雨愁煞人"的秋瑾；"风萧萧兮易水寒"的荆
轲；为推翻满清而放弃天伦之乐的林觉民；一生为蜀汉，公忠
体国的关羽。他们都是自我定位为尽忠报国、心甘情愿奉献生
命者。

这个世间，有的人自我定位流芳百世；也有的人自己定位
遗臭万年；有的人定位自己喜舍付出；有的人自我定位贪图所
得。人生难得，为什么我们不定位做一个好人呢？

笑容，是世间最美的色彩；
赞美，是世间最好的声音。

惜情感恩，涌泉以报：惜才结缘，心甘情愿：
惜世护生，建设净土：惜力慎言，心领神会：
惜财爱物，法界悠游：惜福发心，同伴慈悲。

我爱芳邻

俗语说："远亲不如近邻"，因为芳邻是你在危急时，可以及时伸出援手的人。

芳邻是小孩子的玩伴；芳邻是家庭主妇聊天、心得分享的对象；芳邻是减少宵小来袭的义工；芳邻也是作品的赏析者，如陶渊明所云："邻曲时时来，抗言谈在昔；奇文共欣赏，疑议相与析。"

外出时，芳邻可以帮忙看家、协助看管孩子，帮忙照顾老人、照顾家中的病患，帮忙喂猫狗、代收报纸信件等；搬家时，芳邻可以帮忙打扫、搬运物品；婚丧喜庆时，芳邻可以帮忙备办；家中器物毁损，芳邻可以帮忙维修；芳邻还可以帮忙买菜，甚至于煮了好吃的饭菜、点心，还可以与芳邻分享，如杜甫的《客至》云："盘飧市远无兼味，樽酒家贫只旧醅。肯与邻翁相对饮，隔篱呼取尽余杯。"

现代的社会，治安不佳，可以与芳邻成立夜间巡逻队、爱心妈妈，以加强保安，预防犯罪的发生；意外发生时，芳邻还可以帮忙报警，协助缉凶。就如《晏子》所说："君子居必择邻，游必就士；择居所以求士，求士所以辟患也。"

芳邻的好处大抵有二：一为互相往来，彼此帮忙，给人方便，也给自己方便；二是数邻聚居，必有我师焉，择其善者而从之，可以增长知识与见解。因此，除了孟母的"三迁择邻而处"外，还有陶渊明的"昔欲居南村，非为卜其宅；闻多素心人，乐与数晨夕"。

子曰："德不孤，必有邻。"古人除了选择与品行高洁者为邻外，更不惜花费重金"买邻"，如南梁的宋季雅，为了与功勋卓著的吕僧珍为邻，花了一千一百万，买下吕僧珍的侧宅，吕僧珍问他房宅的费用，宋季雅答："一百万买宅，千万买邻。"由此可见芳邻的重要。

当然，邻居除了芳邻外，还有恶邻。恶邻是自扫门前雪、品性不端、偷窃、暴力、深夜喧哗、乱堆垃圾、粗言恶口、窥探、饲养宠物随处排便等，而十八世纪中期，俄国也是蚕食我国的恶邻。除此之外，现代的公寓，也有老死不相往来的"邻人"。

与芳邻往来，可以见贤思齐、可以导德齐礼。与恶邻相交，就如《离骚》所曰："兰芷变而不芳兮，荃蕙化而为茅。"因此选择芳邻，是人生的一大课题。而您呢？是别人的芳邻，亦或恶邻乎？

信用卡

当今社会流行的信用卡，是由银行或有关机构，所发出来的一种信用支付凭证，让人们能享受先消费、后付款的方便。

金融机构，根据申请人的偿还能力、收入多寡，以及是否有退票、延迟缴款的记录，来核发信用卡。因此信用卡，可依持卡者的消费信用额度，而分为钻石卡、白金卡、金卡、银卡、普卡等不同等级。

不过，有人因消费无度，将卡刷爆了，而让信用破产；也有不法分子，仿冒、偷窃、盗刷，使得信用卡美好的用意，蒙上了阴影。

子曰："人而无信，不知其可也。大车无𫐐，小车无𫐄，其何以行之哉？"信用，是一个人处世的立足点，是人际往来的依据。因此金融机构所核发的信用卡，也代表持卡人的身份，但是，这样的身份高低，只是以金钱多寡为凭证，而非人生的全部。

人生的信用卡，是什么呢？《傅子》云："君以信训其臣，则臣以信忠其君；父以信诲其子，则子以信孝其父；夫以信遇其妇，则妇以信顺其夫。"所以诚信是信用卡，廉洁是信用卡，亲民是信用卡，重义是信用卡，谦卑是信用卡，知礼是信用卡，守法是信用卡，善良是信用卡，慈悲是信用卡，诚实是信用卡，孝顺也是信用卡。

《吕氏春秋》云："君臣不信，则百姓诽谤，社会不宁；处官不信，则少不畏长，贵贱相轻；赏罚不信，则民易犯法，不可使令；交友不信，则离散郁怨，不能相亲；百工不信，则器械苦伪，丹漆染色不贞。"

所以，国家昌盛的信用卡，在于领导者的守信，如春秋战国，秦穆公因能守信，先后送晋惠公夷吾、晋文公重耳归国为君，而称雄西戎；君王对属下的信用卡，在于不欺，如周幽王，无信于诸侯，而被敌兵杀于骊山下；老师的信用卡，在于德行与学问，如庄子曰："井蛙不可语于海者，拘于虚也；夏虫不可语于冰者，笃于时也；曲士不可语于道者，束于教也。"所以老师要有丰富的学识、见解，才能授教于学子；父母对子女的信用卡是身教，如《韩非子》载，曾子为了守信于儿子而宰猪；朋友间的信用卡是礼让宽容，如鲍叔牙之于管仲；甚至企业的信用卡，就是品质保证。

人生最高等级的信用卡，是具备了诚实不欺、信守诺言、真诚相待、言行一致、表里如一、不自欺欺人、讲究信义、尊重他人，以及忠于自己、广结善缘。

您呢？您的人生信用卡是什么等级呢？

家人

　　人世间，和自己关系最亲密的，莫过于家人了。

　　常言道："不是一家人，不进一家门。"和家人长相生活久了，在观念、神情、习惯上，就会有许多相似之处。虽是一家人，有时难免会因意见不同，而有口角，或因工作的关系，在作息时间上有所不同，但因同属一家人，彼此也就能相互包容，相互体谅了。

　　同一个家庭里的人，有的喜好音乐，有的喜欢文学，有的爱好运动，有的乐于旅游，有的喜好打坐冥想，尽管彼此兴趣、性格不同，由于是一家人，对于彼此不同的个性，也能相互欣赏，彼此尊重其存在。

　　父母、兄弟姐妹，因有天生的生养之恩、手足之情，所以必然会共患难、同甘苦，即使今天有再大的争执，明天就能相安无事。

　　所以，家，是人生的安乐窝；家，是安全的避风港。而家人是你永远的靠山；家是永不打烊的补给站。因此，出外的游子，只要一有时间就会想回家，回到家里，可以将所有的喜怒哀乐与家人共享；可以将所有的冷暖得失向家人诉说，因为，家人是永远不会出卖你的人；家人，是永远不会嫌弃你的垃圾回收场。

不过，同一个家庭里的人，共吃一锅米饭，也会出现忠、奸、贤、愚不同性格的人。因此有为家发扬光大、光宗耀祖的子孙；也有倾家荡产、变卖产业的子弟。所以一家人，要能相互提携、彼此鼓励，讲求对家的贡献，才能让家源远流长，相安无事。

家，是有血缘关系的人组织而成；没有血缘关系的人，也可以组成一个家。像寺院道场里的人员，都是来自于十方，他们在血缘上没有关系，但是在信仰、法脉上，亲如一家人；世间上，也有认他人为义父、义母、义子、义女，或是相互结拜为兄弟姐妹的，由此看来，异姓也可以成为一家人；基督教徒彼此同属一个教会，就称"我们诸位兄弟姊妹"；在佛教里，不管出家在家，男女老少，也都以"师兄"、"师姐"相互尊称，这也是表示互为家人的关系。

家，不局限于同宗同姓，也不局限于同住一个屋内，家可以扩大范围，也就是所谓的"四海之内皆兄弟"。现在，世界已经进入到"地球村"、"天涯若比邻"，所以能把全世界的国家、种族都视为家人、视为兄弟姐妹，这不就是扩大发扬家庭的和谐吗？

家是人类组织的一个重点，由这个重点，把家庭的爱、家庭的亲密关系延伸到全人类，这不是更有"家"的意义吗？

透明化

　　公家预算要透明化,选举政见要透明化,公用物品要透明化,人事制度要透明化,工程招标采购要透明化,法院审判要透明化,升贬奖惩也要透明化。透明化就是公开、公平、公正的意思。

　　人民的事物与权益,应该要透明化,但私人的隐私我们要保护,不可随便地揭发。现代的媒体,不断报道公众人物的私生活,其实是误导了群众"知"的方向,这种透明化,是不合透明化的道德标准。

　　在台湾不能有名,一有了名,就会遭受伤害。就如选举,只要一参选,候选人的祖宗八代,都会被搬出来批斗,而家人也会在媒体的一再追踪报道下,影响全家人的生活。

　　古人,隐恶扬善,希望给人多多鼓励,纵使有过失也会让犯错者有自我反省,以及改过的机会。但是,现在的社会,是隐善扬恶,好事不出门,恶事传千里,每天打开报纸或电视,都是一些坏人坏事，好像台湾是一个犯罪的社会，已经没有好人好事了。

我们虽然不希望媒体隐善扬恶，但我们希望每个人要自己反省，自我改过，自己以透明化的方式向朋友、家人或是信仰的对象，表白自己的过失以示改过。

佛教的发露是对佛菩萨、师长，将自我的过失，毫无隐覆地表白；佛教的布萨、问遮难、举过、三番羯磨，也都是将所犯之过失透明化；法院的陪审团、公听会，也是为了将审判过程透明化。

此外，人我是非要透明化，才能让世人了解善恶得失；晋升管道也要透明化，才能让员工知道努力的方向；商业股东财务更要透明化，才能监督管理，让企业正常运作；行政机构政策要透明化，才能让人民有所依归；各种的竞赛也要透明化，才能公平选出实至名归者；选举不但要透明化，更要公平化，才能选贤与能。

此外，企业的机密、产品的构造、银行的密码、国防的秘密、国家的外交，有透明化的，也有需要保留的。

君子不欺暗室，凡事讲清楚、说明白，不要黑箱作业，才不会让人有疑忌，如幻象战机、拉法叶军购案，都是因为没有透明化，才会有至今仍然无解的舞弊丑闻与命案。

所以，只有透明化才能消除腐败、投机、不平、冤狱、贪污，以及贿赂。唯有透明化，行政机构才能清廉公正，企业界才有公平竞争，人民才肯服从领导。

万里晴空之下，事事物物都能欣欣向荣，如果失去了透明化，当黑夜来临时，就会有偷鸡摸狗的恶事，所以我们要有光明磊落不怕透明化的情操。

期许

一个人总应该有一些期许。

期许，从儿童期就期许自己是孝子，是好学生，是讨人欢喜的人；及长，期许自己能接受高等教育，有一份好的职业；期许拥有美满的婚姻、乖巧的儿女、和谐的家庭。

期许，光是期许自己想要什么是不够的，应该期许能为国家、为人类有所贡献；期许自己能服务人群、能广结善缘；期许自己的道德形象，能成为别人的模范；最重要的是期许自己是一个好人。

男人，期许自己是个好丈夫，要爱护妻儿；女人，期许自己是个贤妻良母，要温柔顾家；父母期许儿女出人头地，要光宗耀祖；军人期许为国尽忠，要效命沙场；长官期许部下忠贞诚实，能勤奋做人。

政治家期许自己做个清官；运动家期许自己在运动场上为国争光；文学家期许自己能写出流传百世的好作品；宗教家期

许自己解决众生的苦难。总之，有期许就有希望，有期许就会进步，有期许就会成功。

有期许的人生，才肯上进；有期许的人生，才有力量能源；有期许的人生，必能有所发展。如果一个人对自己没有期许，则每天随波逐流、浑浑噩噩、与世浮沉，也没有人生的意义，如做梦般的人生，分不清前进的方向。

也有一些人，对自我的期许不切实际、好高骛远，如口才不好，却期许自己成为演说家；音色不好，却期许自己做歌唱家；自私懒惰、人缘不好，却期许能获得别人的赞美，这就如乌鸦飞上枝头，也不能变成凤凰。

期许要先了解自己的能力与特长，"天生我才必有用"，每个人应该依自己专长来期许未来，例如，爱好音乐的人，但是歌喉不好，可以期许自己成为乐团的一员；喜欢书籍，但是不能立书著作者，可以期许自己成为图书管理员，为读书人服务，成其知识；即使是残障人士，也能期许自己为社会付出，如喜憨儿能为社会贡献一己之力，能付出所长福利社会。

期许自己是慈悲的人，期许自己是有贡献的人，期许自己是有智慧、有承担力的人，期许自己是勤奋自勉、敬业自励的人。

人，不能没有期许，有期许的人会自爱，有期许的人才懂得珍惜，有期许才有希望，有期许才有奋斗的力量，各位亲爱的朋友们，你有什么期许呢？

想说听行

一个人做人处事要想成功，有四个字不能不注意，那就是"想，说，听，行"。

人不能没有想法、没有思想。应该要有：我想做个好人，我想做个富人，我想做个好儿女，想要做个好妻子，想要做个好丈夫，想要有房子，想有好的衣食，甚至于想做领袖，想做人上人，想做大人物的思想。理想是现实之因，现实是理想之果，你没有理想之因，怎么会有结果呢？

想，是不够的，想了要会说。例如：我要喝茶，我要吃饭，我要乘车，我要读书，我要找职业，我会做什么！我能做什么！你不说，别人怎么会知道呢？婴儿不会说话，要吃奶时，就用哭声来表示；狗饿了，就用摇尾巴表示语言；要讨好父母的爱护，要得到朋友的关心，要讨情人的爱意，要讨长官的器重，那你就一定要说话，当然说话也不是随便乱说，话要说得好听，说得中肯，说有内容的话。

光会说话还不够，重要的是要会听话。有位青年，想学习演讲，学费每小时十块钱，但这位学生一见到老师，就开始喋喋不休地叙说讲话如何重要。等他长篇大论说完，老师叫他先缴二十元学费。学生说："别人都是十元，为什么我要二十元呢？"老师告诉他："我教别人只要教他如何说话，但是对你，我还要教你如何不说话，会听话，所以你应该要付双倍的学费。"

会听话实在是人生一门最大的学问，因为听话要会听，要全听，要善听，要谛听，还要能听懂话中之话，要能听懂话里的是非得失。父母常怪儿女不会听话，师长也嫌年轻人不肯听话，或是讲了十句，他只听了二三句，你讲东他听到西，最不好的是断章取义、误会好意。不听话固然不好，但是听错了更是不好，所以能把一句话完全听懂，所谓"依教奉行"，才是最可贵的。

我们中国的老大民族心态，有一些人一向是颠倒妄想，说话无心，视而不见，听而不闻，当然"行"就困难了。

看到别人一帆风顺，凡事都得心应手，事事如意，看起来很简单，其实一个人的成功，是要有必备的条件的。童子军日行一善，见义勇为就是行善；信佛、拜佛不如行佛，给人帮助，给人方便，都是好的善行。

能思、会说、善听、利行，具备了这些，对人生的成就是非常重要的！

落花流水

　　"落花有意，流水无情"，也可说是"落花无意，流水有情"。其实，你在欣赏落花时，落花告诉你世事的无常；观赏流水时，流水让你体会光阴的流逝，所以我们也可以说：落花流水都是有情的。

　　落花常被用来感叹世间的变异；流水也常被用来伤怀岁月的流逝。因此自古以来，文人墨客的字里行间，总少不了以落花流水来自喻的吟诵。如杜甫的"感时花溅泪，恨别鸟惊心"；唐寅的"多少好花空落尽，不曾遇着赏花人"；辛弃疾的"郁孤台下清江水，中间多少行人泪"，这些都是作者借着花落水流，来抒发人生聚散别离的伤感，与怀才不遇的心境。

　　落花，让一些易于感伤者，增加了心情的落寞，因此常将落花形容离枝残败之象，如，林黛玉的葬花："试看春残花渐落，便是红颜老死时；一朝春尽红颜老，花落人亡两不知！"假如花是无情的，林黛玉何必伤怀自己呢？所谓"一花一世界，一叶一如来"，这世间的一切，是我们心内所反应出来的世界。

在佛教中有些禅师，却因花的开落而悟道，如灵云志勤禅师的"自从一见桃花后，直至如今更不疑"；善会禅师的"猿抱子归青嶂里，鸟衔花落碧岩前"，不都是以花为悟道的因缘吗？而佛陀的"拈花微笑"传心法于迦叶尊者，更为后人所传颂。

而流水更是让人心动了，左思的"何必丝与竹，山水有清音"；李清照的"水光山色与人亲，说不尽，无穷好"。所以，怎么可以说流水是无情的呢？《楚辞·渔父》："沧浪之水清兮，可以濯吾缨；沧浪之水浊兮，可以濯吾足。"所以水之性是利万物生长的；是居高而不惧、处低而不卑的。

花因芬芳美丽，所以凋零时有人怜惜。人生，虽然不一定要如花一般的芬芳，但要有落花的价值，就能让人伤怀悲恸；人生，虽然不一定要如流水般的多样，但要如流水能普利众生，就能让人感叹爱惜。

世人都有花样的人生，也有不知尽头的岁月，所以，我们应该要及时把握光阴，将该做的事做好，该完成的任务完成，如花在一期的生命中，开出灿烂美丽的容颜，让人欣赏；如流水一般，虽不知何处是尽头，但能尽情地展现自我的特质。

花谢有再开的时候，人去什么时侯再回来呢？一江春水有再回来的时候，一期生命何时能再回呢？如果不好好地把握生命中的每一刻，等到生命如水般地流逝，如花般地谢去，就只能空叹人生如落花流水了。

解读

　　政治家发表了一篇演说，就有政治人物以及人民加以解读；两国公报、协约等，也会有多种不同的解读；一句古诗、一句成语，也会有很多不同的解读；尤其现代人对很多的事物，解读千差万别，解读的正反不一，所谓"差之毫厘，谬之千里"。

　　宗教家、政治家对宇宙人生有各种不同的解读，科学家、自然学家对大地山河也有不同的解读，有些人对历史人物的功过，会有各种不同的解读；对历史上所发生的事件，也会有很多不同的解读。像顺治皇帝，不愿做帝王，愿过淡泊的僧侣生活，历史上就给予不同的解读；过去妇女裹小脚、宫廷里养太监等，这些在古代认为是正常，现代人却认为不道德；而现代人只顾自己的前程，将父母寄养于养老院，且认为理所当然，用古人的标准解读，这是大为不孝的行为。

　　现代人对于教育、经济等，有很多不同的解读；飞机失事，需要寻找黑盒子解读；e世代的人，语言都有新的解读，例如：

人长得很丑，说他是"恐龙"；人家去听音乐，说他去"洗耳朵"；没水准的人，就说他是"潜水艇"；"超暴"就是很好笑的意思。这些，都是e世代人才解读得懂的语言。

人与人的相处，所有的语言、心意，都要有很好的解读。用好心好意去解读别人的问题，可能都是光风霁月；假如用不友好的心理去解读，一切都可能黯淡无光。法官的解读关乎人命；父母寄予厚望的教训，儿女也会解读成恩怨的差异；欧阳修喜爱品酒，建了一座"醉翁亭"，他在《醉翁亭记》中自述："醉翁之意不在酒，在乎山水之间也。"蒋经国解读不出李登辉的思想为人，李登辉终于抛弃了国民党，这是蒋经国意料之外的。

有宗教信仰与没有宗教信仰的人，就对素食有不同的解读；不同的政党人士对社会的问题就有不同的解读；男人、女人对各种问题也有不同的解读；不同的年龄、不同的种族、不同的国家对同样的问题都有不同的解读。解读问题需要智慧，佛陀灵山会上拈花，大迦叶微笑，这就解读了佛陀传灯的本意；南泉禅师因东西二堂争猫，乃提猫儿说："大众道得即救，道不得即斩却也！"众人无以对之，泉即斩猫；赵州外归得知，乃脱履安顶上而出。泉云："子若在，即救得猫儿！"公案中的问题就看你如何去解读了。所以人有人的解读方式，花草树木也有花草树木的解读方式，这世间、这人生，所谓迷悟之间就看个人的"解读"了！

念旧

时代有新时代、旧时代；人类有新人类、旧人类；物品有新物品、旧物品。人都喜新厌旧，难道"旧"就不值得留念吗？

三国时代的赵子龙，在长坂坡冲入曹操数十万大军中，救出刘备的妻子与儿子阿斗，当刘备见到他时，将阿斗弃之于地说："兄弟如手足，妻子如衣服。衣服破，尚可补；手足断，安可续？"衣服是新的好，但是人情道义，是旧的好。道德人伦也是如此，如果人们一味摒弃旧道德，而新道德尚未建立的话，社会就会乱而无章。

人们常说要"复兴中华文化"，过去的忠臣孝子、四书五经都是好的文化；但是绑小脚、太监制度、三妻四妾，则未必是好的，所以我们应该要复兴对人类有益的文化。

现在的中国人，以古代的万里长城、兵马俑、紫禁城为豪；而埃及的金字塔、狮身人面像，也都是国家所保护之古迹；大学里也有考古系，让人类了解文明的起源；社会上也有追求时髦人士的复古风，可见"旧"对人类仍然是非常重要的。

念旧的人有感恩的心，念旧的人比较讲道义，念旧的人较能惜福，念旧的人懂得惜情。如韩信的一饭之恩，功成重金以报；清素禅师的一果之赐，而以心法相授，这些都是"滴水之恩，涌泉以报"，有报恩之心的人，都是念旧之人。

工作能常常更新，新买的物品也可以送人，但是旧的东西失去了，说什么都不易再回来。旧的衣物有纪念的价值，所以要保留；旧的东西有感情、有历史，所以要爱惜、要保护。如老朋友，能彼此亲如手足；如老夫老妻，能相互扶持；如价值连城的古董、流传千古的文物，不都是在说明"旧"的荣耀吗？

真理是万古常新的，所以"旧"不能用好坏来论，因为旧的有旧的好，新的有新的好，新旧的好坏，要随时代的需要，与对人类的价值，以及其纪念意义而定。

"今人不见古时月，今月曾经照古人。"现代一切新的发明，都不是凭空想象，也不是突然而有的，都是依着古人的智慧，一代一代研新改进而有的，所以人不能忘本。秦始皇时，丞相李斯痛斥复古之论，认为儒生以古非今，而建议"焚书"，秦始皇采纳了李斯的建议，使得秦朝虽有统一六国之政，却是历史上有名的夭折王朝。

经验是宝物，历史是资产，人们因为有经验、有历史，才能以古为鉴，以减少错误的发生。东汉王充说："知今不知古，谓之盲瞽。"所以人不能不念旧，不能一味地求新求变，而遗弃"旧"所给我们的启示与经验。

接受事实

　　人世间，有些是我们能改变的事实，也有一些事实，是我们不能改变的。

　　刮风下雨，是不能改变的事实；岁月年龄的增长，也是不能改变的事实；绝症的万般病苦，是不能改变的事实；寿终正寝，是不能改变的事实；人生的生老病死，世间的成住坏空，人心的生住异灭，人间的因果报应，都是不能改变的事实。

　　能改变事实的，是要靠智慧、坚强的毅力，以及人缘来改变。贫穷，要能勤劳，就能改变；遇到困难，只要有坚强的毅力，就能改变；是非混乱，只要我们有智慧不蹚浑水，就能改变；遇到逆境，只要我们有人缘，就能得道多助了。

　　不能接受事实的人，常因别人的一句无心之语，就疑心别人是在嘲笑他，或是经常畏畏缩缩不敢与人来往，甚至为了掩饰自己的缺点，反而如刺猬般，让人无法接近。其实，这都是在伤害自己，也在折磨关心你的人。

面对不能改变的事实，我们只能接受，才有应变之道。如接受了风雨的摧残，才能与之抗衡；接受了挫折打击，我们才能再接再厉；接受了人情冷暖，我们才能随机应变；接受了破坏失败，我们才能另辟人生；接受了危险恐惧，我们才能克服不安。

从古至今，很多人，因为接受自身的贫穷困苦，缺陷伤残，而激发勇敢的精神，且加以改进，重新适应，最后也能一帆风顺，创造自己另外美好的人生。如左丘明，失明后编写了《国语》；司马迁受了宫刑，而后完成《史记》；周文王囚在羑里时，也能推衍出《周易》的卦爻；孔子在流浪的生活里而作《春秋》；屈原被放逐以后而赋《离骚》；被砍断双足的孙膑，忍痛写下了不朽的《孙子兵法》，这许多例子，都是虽有不改变的事实，但是靠着自己坚强的意志，而改变了事实。

在国际上，如贝多芬失聪后，作出第九交响乐，声震乐坛；罗斯福虽患小儿麻痹症，但当上了美国唯一连任四届的总统；海伦·凯勒是聋盲暗哑的苦女，最后扬名世界。

俗语云："尽人事，听天命。"接受事实，不是消极，而是更积极地出发；接受事实，不是绝望，而是无限的希望；接受事实，不是失败，而是步向成功之路；接受事实，不是退缩，而是更诚实地面对自己；接受事实，不是一蹶不起，而是重振旗鼓；接受事实，才能乐观进取、弥补不足。

阴德

什么是阴德？行善为人所知是阳善，为善不为人知就是阴德。阴德就是无所求的成就好事；阴德就是面对他人的冷漠、奚落、歧视，心不挂碍；阴德就如《赵氏孤儿》里舍身救赵武的公孙杵臼，以及牺牲亲生儿子的程婴，他们扶忠除奸不求回馈的阴德，令人称扬。

古人的"怜蛾不点灯，为鼠常留饭"是积阴德；分粥赈饥是积阴德；筑桥铺路、凿井引水、点灯施茶、捐棺义葬、急难救助是积阴德；功成不居、不称己善、不扬人过更是阴德；见人危急，勇于搭救；甚至随手捡起地上垃圾，使人不致滑倒，也是阴德；乃至于给人喜悦的面容，令郁闷者一笑解千愁；在自己的工作岗位上发心、用心，让领导者安心、同事们欢心，都是积阴德。

积阴德是"给人"，但不为人所知；是"为人"，但不为人所明，也就是佛教所说的无相功德。如寺院里，以"无名氏"作功德者，他们都希望成为无相的阴德。佛世时比丘的忍苦护鹅，隋朝智舜的割耳救雉，孙叔敖埋蛇去害，梁武帝颁令禁屠之诏，阿育王立碑明令保护动物，美国林肯总统解放黑奴，晋朝僧群的护鸭绝饮等，都是与乐拔苦的阴德。

北宋《司马温公家训》云："积金以遗子孙，子孙未必守；积书以遗子孙，子孙未必读。不如积阴德于冥冥之中，以为子孙长久之计。"阴德就如播种，只要播土下种，就不怕将来没有收成的机会。

《安士全书》记载：有一位年幼的沙弥，因救起将溺的蝼蚁，而获长寿的果报；《缁门崇行录》亦举出智颛法师不嫌污秽，毡被野犬，不但感动了畜类，也为时人所敬崇；其他又如唐朝悟达国师，曾耐心地守护身患恶病的西域僧人，因而召感救愈人面疮的果报；梁武帝因布施斗笠，而获得贵为帝王的好报。

"祸福无门，唯人自召"，一个人命运的好坏，与您平常自心的善恶与积德结缘有关。修善积德，就是为自己创造善因善缘、获福灭罪的机会；祸稔恶盈，就是为自己造作恶因恶缘、轮回受苦的因缘。

古训言："立荣名不如种隐德。"创造好的荣誉、高的地位不如培植阴德。如袁了凡命运的改变，不就是由积阴德而来的吗？所以要改变命运，就看你如何积阴德了。

OK的人生

　　OK是英语,是接受、是承诺,是协助你的一句话,这一句话可以发展出美好的人生。OK的人生,是一个付出的人生;OK的人生,是一个肯吃亏、愿意奉献的人生;OK的人生,是凡事都简单、事事都容易解决的人生;OK的人生,是不分亲疏,不需回报的人生;OK的人生,是以助人为美德的人生;OK的人生,是凡事都说OK的人生。

　　有能力者,才有足够的力量去帮助别人,所以OK的人生,就是有能力的人生。孙中山曾说:"聪明才智愈大的人,当尽其能力而服千万人之务,造千万人之福;聪明才智略小的人,当尽其能力以服百人之务,造百人之福……至于毫无聪明才智的人,也应尽一己之能,以服一人之务,造一人之福。"所以,OK的人生,就是以服务为目的的人生;是你有困难,我就帮你解决困难,你需要支柱,我就给你支持的人生。

　　OK的人生,是如观世音菩萨的大悲心——"千处祈求千处应"的人生；OK的人生，是你请求他帮忙，他不会考虑自身的有无，而尽最大的心力，去帮助他人的人生；OK的人生，是从不觉得为难的人生，是不计个人利益的人生。

不过，现代的社会道德沦丧，有时拥有一颗善良、乐于助人的心，却被不怀好意者利用，如帮忙带东西出国，不料里面竟是毒品，或是好意为迷路者说明路况，却被绑票等。所以，OK的人生，也必须是有智慧分辨善恶的人生。

反之，NO的人生，是自私自利的人生；NO的人生，是不肯与人结缘的人生；NO的人生，是看到有人请求相助，他不但不帮忙，还要踢别人一脚的人生；NO的人生，是有人求助于他，他虚情假意地答应了，实际上，却是"拔一毛而利天下不为也"的人生。

NO的人生，必定是处处碰壁的人生，如何让自己处事顺利呢？《大毗卢遮那成佛经》：佛陀问弟子，如何使一滴水不干涸？弟子无人回答得出来。佛陀云："若人以此水置于大海之中，即无竭尽之理。"如果人人能将自己融于大众中，以仁爱之心待人，以己之心度他情，则处事必能左右逢源。

西谚有云："施比受更有福。"在付出的同时，获得最大回馈的就是自己；孟子也说："爱人者，人恒爱之；敬人者，人恒敬之。"OK的人生，就是热心协助他人的人生；是义不容辞为人排难解忧的人生，这样的人生，必定能获得众人的好感、信任与尊敬。

瘟疫

自古以来，历史上所发生过对人类造成最大的伤害，除了风雨水患等自然灾害，以及人为的战争、杀戮抢夺，再者就是暴虐无道的昏君，造成民不聊生。除此以外，重大的灾害就要算瘟疫的流行了。

瘟疫的可怕，如鼠疫又称"黑死病"。此外，霍乱、赤痢、白痢、猩红热、天花、白喉、伤寒等瘟疫，其对人类生命所造成的威胁，比起现代的生化武器，可以说还要更厉害。

就以十四世纪在欧洲各国蔓延的瘟疫来说，只在半个世纪就少了三分之一的人口，死亡人数达二千五百万之多。瘟疫不但于人心大有关系，就整个社会政治来看，有时到底是天灾，还是人祸，几乎都分不清谁是谁非了。

今年流行的"严重急性呼吸道症候群"（非典型肺炎），疫情不断扩大，带给许多国家莫大的伤害。在古代的瘟疫大都是地区性的流行，但现在由于交通发达，人际往来频繁，因此地区性的瘟疫透过旅行交通，很快就会蔓延到国际间。几年前的爱滋病、毒品，我们也把它们看成像是世界的瘟疫一般。可以说，过去讲"谈虎色变"，现在真是"谈疫色变"，人人避之唯恐不及。

瘟疫造成生命的伤害，尤其是对经济的打击，例如对航空公司、旅行社、饭店、观光事业等，可以说都是无法弥补的伤害。瘟疫的可怕，其实不在病毒本身，怕就怕政府面对瘟疫不懂得危机处理。你看，ＳＡＲＳ流行时，有的国家隐瞒疫情，有的国家反应迟钝，有的国家花言巧语，有的国家眼高手低，有的国家避重就轻，到最后一发不可收拾，真是令人扼腕。

社会上的瘟疫固然可怕，但总是有形的，可以加以防治；更有一种可怕的无形瘟疫，就是人心萎靡、奸诈、自私、欺瞒、毒辣、阴险，他隐藏在衣冠之内，潜藏在甜言蜜语和笑容之中。瘟疫或许还有药物可治，只不知治疗人心瘟疫的药方在哪里呢？

民主政治本来是很可爱的，但现在的西方民主以欺瞒、诈骗而获得像瘟疫一样的权利，上行下效，更是可怕。另外还有媒体在言论自由的美名之下，不惜一切的哗众取宠，所报道的内容对社会造成伤害，腐蚀人心，就像瘟疫流行一般，那才是最可怕的流行病呀！

心的触动

　　心能让人上天堂，也能让人下地狱。如唯识家所说的"一水四见"，众生面对相同境界时，因各种心的不同，而有不同的见解认识。在我们日常生活中，心，时而在天堂，时而下地狱，如此周转不知多少次；我们也可以说，人的一生当中，好心就常常上天堂，坏心就常常下地狱，一生中，天堂、地狱来回无数万次。

　　《心地观经》说："心如流水，念念生灭；心如大风，飘游四处；心如猿猴，跳动不已。"所以，心的触动是喜怒周转，而且是善恶无常的。

　　心是最有反应、最有感觉的器官。我们看大自然的山川鸟兽、花开花落；我们看人生的生老病死、苦空无常；我们看世间的生住异灭、轮回流转；以及他乡遇故知、人际的往来，我们的情绪，都会因心的触动，而有喜怒哀乐的表现。

　　心如山谷，有声音就有回音；心如钟鼓，有敲打就有声响；

心如灯光，有触动就会有变化；心如池水，有风吹就有波动；心如浮云，有湿度就有雨水；心如水气，有冷热气压就有台风。

因此，我们常听人说："那首歌，动人心弦"；"那部电影，震撼人心"；"那句话，让人痛彻心腑"；"他的行善，让人铭感五内"；"那场战争，让人胆破心惊"。

心，是即使你没有动它，它遇到各种的境界，都会有所触动。尤其是异乡游子、文人墨客的心，常因喜丧婚庆、生死离别，而拨动心中的弦；诗人王维的"每逢佳节倍思亲"；苏轼的"客中无日不思家"，都是因情、因境，在心灵上有了心的触动，而有伤春悲秋的感慨。不过禅师们，却是因为有心的触动，而大彻大悟。

人的心，有时候心神不宁，有时候心烦意乱，有时候心情紧张，有时候心惊胆颤。心像猿猴跳动不停，心像盗贼为非作歹，心像国王发号司令，心如工厂生产产品。最重要的是，吾人之心要像《般若心经》所说：要心不执着，意不颠倒，所谓置心一处无所不办。

如果能让心见贤思齐、见善向往；让心拥有正义、柔和善美；让心清净自在、如如安住；让心不被外境触动，不被外境所奴役，如此则能做心的主人。

人要学会不动心，要听无声的声音，看无色的世界，处不动的环境，要做到"犹如木人看花鸟，何妨万物假围绕"。因为世间的"风动幡动"，实为己之心动耳！

生活的层次

人类的生活随着精神层面的提升，而有不同的层次。

第一阶层的生活，是物质的生活。物质是人类维持生命所需，也就是居家日用、衣食住行的满足。为了追求温饱的物质生活，所以必需要有工作，必需要有劳动，所谓"衣食足而后知荣辱"，所以物质的生活，是人类赖以生活的基本条件。

第二阶层的生活，是精神的生活。人类在衣食住行生活满足后，就要求精神层次上的所得，所以人就必需要读书求知、增加智慧、需要爱情、需要娱乐、需要运动，让精神生活得愉快泰然。

第三阶层的生活，是艺术的生活。有了精神的生活外，还需要有艺术的生活，例如文学、音乐、绘画，人们需要这些来涵养自我的心灵，来增加品味与气氛，以不落于低俗。

第四阶层的生活，是宗教的生活。人类有了物质、精神、艺术的生活后，必定要提升自己超俗的境界。所谓宗教的生活，就是有信仰，要超越，要自在，要解脱，要有希望，要有未来，要让心灵升华，让生活的领域能够超越对待、超越时空、超越人我的生活。

人类不同于动植物。植物只要有水分、肥料、阳光、空气就能成长；动物只要能填饱肚皮就能满足，但是人类有思想，有追求的目标，对生命的内涵，以及生命的未来，有无比的期许与无限的追求；人类所求的是又多又好、又美又精的享受，所以人类会不断地改进生活的品质，增加生活的需要；人类最高的生活需要是探讨生命的真谛，追求生命的完美，最后，人类除了满足个人的所需之外，他还要讲究大众的福祉，全人类、全世界的幸福都寄予宗教来完成大我的世界。

人类不断地升华生活品质，就是为了达到心灵的解脱，求取自己本来的面目，真正做自己的主人，甚至于把自己融入于天地间，与宇宙同在，与万物共存，那就是所谓宗教的生活了。

所以，释迦牟尼佛，求解脱、求证悟，而历代的宗教人士，也都希望不受愚昧、无明的束缚，不做贪心欲望的奴隶，不在生死中沉沦，不在苦海中沉浮，不在五趣六道中轮回。

人生如《法华经》所说，"盲龟浮木"、"人身难得"，所以在宗教里，所能得到的安然、自在、超越、涅槃，那才是生活的最高层次了。

不一定靠化妆来修饰容貌，要用道德来庄严身心；

不一定藉名位来提高身份，要以慈悲来充实内涵。

做人要知感恩，感恩的人，表示做人的资本雄厚；做事要知情理，明理的人，表示做事的方法融通。

感动

俗语云："人非草木，孰能无情？"人是感情的动物，所以，生活周遭的人、事、物，都能让人产生感动的心情。

讲一句好话，可以让人感动；一个笑容，能让人感动；成就一件好事，能让人感动；甚至花开花落、山河大地，都能令人感动；修桥铺路、救济贫困、维护伤残、能令人感动；一个好意、一个关心的眼神，也能让人感动；乃至一张贺卡、一个问候、一个祝福、一束花，都能让人感动。

有感动，才能让生活品质升华；有感动，才能拥有柔软、善良的心；有感动，才能激发上进之心；有感动，才能激进改过迁善的行为。反之，一个人如果凡事都不能令他感动，他的生活必然是索然无味，而且没有人生的意义。

自古以来，那些尽忠报国的沙场名将、那些割骨奉亲的孝子之士，以及有情有义的主仆之间，他们的事迹都是令人感动的。

如马援的"马革裹尸"，徐锡麟的刑场溅血，屈原的投江示忠，诸葛亮的鞠躬尽瘁，以及史可法、文天祥的为国效忠，都是让人天感动的道德情操。

还有董永的卖身葬父，蔡顺的拾葚供亲，睒子的鹿皮取乳，目连的地狱救母等，是因孝顺而令人感动；而现代人的亲子之间，父母对子女无悔的付出，亲人间骨髓、器官的相赠，也都是令人感动的事迹。

三国时曹植的七步诗，写出了相残的无奈，让曹丕见诗感泣而释杀心；英国文学家克拉克森，其著作《废除奴隶贩卖的历史》，让俄皇亚历山大看了深受感动，而加入废除黑奴的行列，这许多都是因文字而令人感动。

杜甫的"烽火连三月，家书抵万金"，说明了在烽火连天的环境里，收到家书的感动；诸佛菩萨的倒驾慈航，也都是令众生感动的悲悯心怀。

只要是发心、热心、慈悲、无怨无悔、心甘情愿所做的事情，都会是令人感动的。感动是最美的世界、感动是有热有光的世间、感动是多情多义的社会、感动是彼此之间的桥梁。

相互感动，才现出社会的可爱；相互感动，最能打动人性的心弦；相互的感动，是人间的日月光华。所以每个人，每一天，都应该对自己的所见所闻，自觉感动，而自己每天也要做一些事，让别人感动。

依赖

这个世界是相互依赖的，因此世间的人、事、物、理皆有相互依赖的关系。

战场上，要依赖勇敢的士兵与有谋略的将领，才能胜战；国家，要依赖军事力量、政局稳定，经济才能繁荣；社会成长，要依靠国家政策与民众的努力；小孩，要依赖父母的照顾；学生，要依靠师长的教导；中年人，事业上要依赖朋友的帮助；老年人，在生活上要依赖照顾，甚至走路时要依赖拐杖而行。

孙中山先生说："国家社会者，互助之体也；道德仁义者，互助之用也。"所以民众要依赖国家，来保障个人的安全与福祉；人与人相处，要依赖品性与操守，才能成为君子之交；而人的威信，也要依赖个人的知识与涵养来建立。

人在无助时，要依赖善知识的关怀，才能获得慰藉；企业的运作，要依赖主管与员工的努力，才能发展；建筑物，要依赖好的建材，才能耐久；政治人物，要依赖选票才能当选；治安，要依赖警察与社会大众共同维护。

近视者依赖眼镜，才能看清方向；游泳者依赖救生衣，才能保护生命的安全；登山者依赖罗盘，才能确定方位；身体健康，要依赖卫生、运动来帮助；病人，要依赖医师与药物，才能保健。

除此之外，树木、花草也要依附土壤才能成长；鸟兽依于山林才能生存；鱼虾依于江河才能活命；而人类乃至世间万物，都要依赖阳光、空气、水，才能维持生命；严寒时节，要依赖冬衣保暖；酷暑时，要依赖空调来调节气温。

但是，人，不能养成过分依赖的习惯，在工作上，过于依赖他人，除了要看别人的脸色外，还会造成别人的负担；生病时，过于依赖药物，则会有副作用；习惯不好、心情低迷者，依赖酒精、毒品的麻醉，而让自己走上不归之路；人生过于依赖过去，也会让生活没有创意。

俗语说："靠山山倒，靠人人老。"所以我们应该除了依靠因缘、依靠善知识、师长"指月的手"，引导方向后，最重要的是要依靠自己的认真、创新，才不致养成过分依赖之弊，而自己也要懂得给别人依靠，才能与万物相互依存。

我们无时无刻不在享受社会大众的资源，社会大众有难，我们要发挥同舟共济的精神，提振家国士气；父母、师长对我们教育与关怀，在父母、师长有困难时，我们要能予以分忧解劳；我们急需帮助时，朋友助我们一臂之力，同样的，朋友有难时，我们也要能以情义相扶持，助其渡过难关，如此才能相互依赖，相互共存，相互成其事业。

骂人

佛陀会不会骂人？据佛经记载，佛陀是经常教训人的，佛陀教训人的时候，语气很重，但很文雅。

如《阿含经》记载，佛陀教训人"非人"，"非人"的白话解释就是"你不像人"。什么样的人，不像人呢？应笑而不笑、应喜而不喜、应慈而不慈、闻恶而不改、闻善而不乐。《出曜经》也有记载，罗睺罗因常说谎话，佛陀为了教导他，便将器皿覆盖于地上，对他说："至诚执意妄语人，不知惭愧、无有羞辱。"佛陀骂人的方法很艺术，让人听了不觉得难堪，所以能欣然接受。

"骂"，要以爱为基础，要出自于对他人的关心，且要注意到自己的用辞、场合、语气，以及对方的根器。就如有些父母骂儿女："你没有出息！你不知上进！""你考试如果再考不好，就不要回来了！"禁得起骂的儿女，必然会努力改过、用功上进；禁不起骂的儿女，就会自暴自弃、跷家、逃课，结交坏朋友，这都是因为父母管教的方式有误。

有些老师骂学生："你很笨！""你是笨猪！"甚至让所有的同学一起取笑成绩不好、犯错的学生。这样的老师，只会让学生自甘堕落，而自认反正自己就是"笨"，所以也不需要学习了，因此而误了一生的学习。

师言道尊，固然很好，但若骂法不对，让学生失去尊严，凡事就不去进取，且丧失斗志以及上进的心，这就是为师者之过了。

禁得起骂的人，会认为长辈的教训应该遵从，且能立志改进，这就是所谓的破铜烂铁，禁得起大冶洪炉的烧炼，所以能成钢；禁不起骂的人，要用爱心来感化，用鼓励代替责备，用沟通来了解原因，用耐心来引导，这就是所谓"爱的教育"了。

不过，现在社会上，有些人骂人的口气十分恶毒，如骂人"你连猪狗都不如"！"你比蛇蝎还要毒"！"你是衣冠禽兽"！甚至有的人骂得更狠，连别人的祖宗都不放过，这种连棺材里的人都拿出来骂，就太不厚道了，且必定与人结仇结怨。

《四十二章经》："仰天而唾，唾不污天，而堕己身；逆风扬尘，尘不至彼，还坌其身。"骂人，不是不可骂，但要出于好意，出于爱心、善意，不要从否定他人的立场来骂，最好是从积极面来说，如：你要有良心，要学圣贤，要讲究做人的道理，如此，就能让人接受与受用了。

接受新知

时代日新月异，科技不断地在进步，追求新知已成为人类普遍的需要。

地球从有人类以来，"新知"让人类的生活不断地进化。例如，人类从穴居、生食，而到地面建筑与熟食；从树叶、树皮为衣，演变为农耕织布；从游牧为生而到家居伦理生活。

新知，让人类的生命受到保障；新知，让人类的生活获得了改善；新知，启开人类知的领域；新知，让人类的生活多彩多姿，如：莱特兄弟发明了飞机，让人类从东半球到西半球，就好像咫尺天涯；爱迪生发明了电灯，把人间一半的黑暗变成了光明的世界；显微镜、天文仪的发明，让人们对肉眼看不见的事物，又多了一层的认识；印刷术、造纸术的发明，改变了人类的文化生态。

新知的增加，改善了人类生活的不便。如果没有发明汽车，人们必须靠双脚行走天涯；如果没有发明纺织机，人们必须一针一线缝制衣物；如果没有发明洗衣机，人们清洗被单及厚重衣物，可是一件麻烦费时的事。有了新知之后，人类得到物质上的改进，不但享受到舒适的日用，更省下了很多的时间，可以从事更多的事业。

新知，是人类为了满足需要而发展出来的成就；新知，也是人类为了解开对"不知"的好奇。当第一通电报接通后，有人宣称："遗留的偏见和敌意将不复存在。"电报的发明，也让现在的报纸、信息快速发展起来；当电话发明后，让相隔天涯海角的亲人好友，可以听到彼此的声音；电视的发明，让全世界所发生的事情，在几分钟之内，马上可以看得到；照相机的发明，也为人类留下了历史的见证；至于计算机的发明，更是结合了上述的功能，而让人类到了无所不知的地步。所以，现在可以说是"知识爆炸"的时代。

俗语说"天有不测风云"，但是现在却能预知何时阴晴雷雨；基督教说："上帝造人"，现在的人类，不但可以创造日资物用，甚至还可以如"上帝造万物"一样，制造"复制羊"、"克隆人"。

一九六九年，人类登陆月球，现在天上有了卫星，也有了海底隧道，人类已到了能够"上天入地"的程度了，就如西方极乐世界的人们，能随心所有、随意所取、随欲所现，相信不久的将来，宇宙的密码将逐渐被人类解开。其实新知以外还有先知，过去宗教界的先知，早就说明了人类的世界以外，还有其他的众生、其他的世界，所以现代的新知只是实现了佛教的"六通"罢了。

其实，新知，光从外相的了解是不够的，应该从内心的探求，才能亘古今不变，因为"心"是历万劫而常新的，这世界的新知，都在我们的心内啊！

经验

　　经验能教人聪明，凡事都要有经验，才不会徒有理想，才不会流于空谈。

　　战场上，身经百战的老将，有时候凭着经验而能转败为胜、转危为安；体坛上，各种竞技比赛，有时候经验老到的一方，可能会打败较强的新手。

　　教师要有讲台上的经验，才能春风化雨；主妇要有厨房里的经验，才能烹调料理；记者采访新闻，要有采访的经验，才能掌握重点；从事国际外交的人员，也要有外交的经验，才能肝衡局势。经验不是书本上的理论，经验是学不来的，经验必须经过时间的累积，从实际的生活中体验而获得。

　　伯乐是春秋时代著名的相马专家，所谓"世有伯乐，而后有千里马；千里马常有，而伯乐不常有"。他的一部《相马经》驰名当代，但他那没有相马经验的儿子，即使读了《相马经》，也不知道千里马长得是什么样子。

相传有一天，伯乐叫儿子"按图索骥"，带着《相马经》去寻找千里马。儿子出门后不久，在池塘边看到一只癞蛤蟆，鼓着眼睛，很像《相马经》里说的千里马，于是把癞蛤蟆带回家，对父亲说："这一匹千里马如您书上说的，头盖骨高高隆起，眼睛深陷，背脊收缩，只是它的四只脚不如您书上所说的那么圆正而已。"

伯乐看着儿子愚蠢的举动，哭笑不得，只有幽默地说道："儿子呀！你这匹千里马只是喜欢跳跃，却不能骑乘哦！"所以，"纸上谈兵"而没有实务经验，就如"说食不能当饱"，不切实际的空谈，终究难以成事。

所谓经验，即使十年寒窗以后，还要有三年的实习；即使多年的苦读，没有实际的操作经验，也是难有作为。因此，中国古代的学徒制度，老师总是亲自带着学生，用多年的时间来培养他的经验。

现代的医生要有临床经验，才能悬壶济世；艺精的工匠，都是跟随师傅学得巧妙的经验，才能应世。现代的年轻人只重学习，不重经验，每次事到临头，就慌了手脚，这就是经验不够。

松柏的雄伟，要经过千年以后，才能为人所称颂；江海要汇集多少的河川溪流，才能成其广大。罗马不是一天造成的，平时的点滴经验，实在不容小视。

妈祖

妈祖是中国大陆华南沿海和台湾民间信奉的神祇，就如海南岛的洗夫人、中国古代的嫘祖、八仙中的何仙姑等，都是民间信仰所奉祀的对象。

妈祖原生于福建，闺名林默娘，据传二十八岁时升天得道，因其贞节仁孝，并且经常在海边守护渔民，因此人们就将她当成海神来崇拜。

妈祖也是观世音菩萨的信徒，中国人民一向也信仰观世音。在早期的所有妈祖庙里，前殿供奉妈祖，后殿供奉观世音，这已经成为惯例，人民也就以信奉观世音的信仰来信奉妈祖。因此，若问妈祖究竟是属于中国民间的道教，还是属于佛教的神祇？由于妈祖庙中后殿奉祀观世音菩萨的缘故，使得妈祖的信仰一直走不出佛教的范围之外。

近年来台湾的民间宗教抬头，尤其道教也在借助妈祖的信仰，扩大民间宗教的力量，因此每到妈祖生辰时日，民间总会结社游行，扩大活动。其实，避开宗教的信仰不谈，站在社会活动的立场来看，妈祖出巡，带动区域往来，联络民间情谊，促进团结感情，提供农暇娱乐，这也未尝不好。

只是近年来台湾的宗教信仰一直在提升，由于人间佛教已经为人民指出一个信仰光明正派的目标，所以妈祖的信者应该要对信仰做一个规范，不妨把对妈祖的信仰，结合人间佛教的"行佛"运动。否则像前不久妈祖生辰的游行，各派阵头不讲究宗教信仰的情操，不具备净化心灵的本质，彼此争强好胜，最后以狼牙棒等武器，喋血街头，实在让人对宗教的信仰深感不值。

针对此一事件的发生，我们希望宗教的信仰者，要落实心灵的净化，要提升灵性的潜修，而不是只流于民间的热闹活动。我们要把妈祖的信仰提升，诸如加强对妈祖历史的认识、歌颂妈祖救人的事迹、效法妈祖信仰观世音菩萨大慈大悲的情怀等，而不是只向妈祖祈求消灾平安。所谓"求观音，拜观音，不如自己做观音"。我们能够发心做妈祖，为整个社会消灾免难，为全民祈求平安福祉；透过结合人间佛教的理念，来提升妈祖的信仰层次，相信这才是妈祖的本愿。

以食为天

"祸从口出，病从口入"，这已经是一句人人都能朗朗上口，也是颠扑不破的民间谚语。口舌之患，在现在的社会到处皆是。因吃而病，这种事例也是时有所闻。

现代人讲究饮食，所谓吃要吃得卫生，吃得健康。吃是维持生命必要的条件，甚至于中国人把饮食当成天一样，因此说"民以食为天"。

饮食既然是生存必要的条件，但是我们也不能因吃而伤害别人的生命，影响别人的生存。过去有人把健康的饮食之道，规范成十事，分别是：少肉多菜、少杀多放、少盐多淡、少糖多果、少食多嚼、少车多走、少愤多笑、少忧多睡、少言多行、少欲多施。

古人对于日常所需，都指示子孙要惜福，不但日用要节省，饮食要淡泊，尤其不能暴殄天物。所谓"朱门酒肉臭，路有冻死骨"。当然，现在已经不是这种时代了。但是现在的社会失序，乱伦、伤害、残杀事件层出不穷，不能说与饮食没有关系呀。

现代人为了口腹之欲，不但鱼翅、燕窝、熊肝、豹胆，甚至就拿鱼来说吧，"一鱼数吃"、"活鱼现吃"，真是残忍无道，"以食造罪"到了无以复加的地步。所谓"欲知世上刀兵劫，但听屠门夜半声"，现在一般的社会人士，只贪图饮食享受，面对不断的天灾人祸、生灵不安，难道真的都没有一点觉省吗？

在加拿大的人民，即使钓到了鱼，如果没有一尺长以上，他们是不会忍心烹杀煮食的，一定要放回河里，以护生命的成长。现在世界上不少护鲸协会都用种种方法去影响临海国家，呼吁大家共同抵制、处罚滥捕鲸鱼的国家，为的是要维持生态的平衡，不要让稀有动物在我们这一代绝种，那真是天大的罪过。

现在世界各国有不少的护生协会，不只是保护有情的生命，实际说来也是保护我们自己。所以护生协会要把护生的意义多加宣导，让每个人知道，保护生态，实质上就是保护自己的生存空间，也就是保护自己的生命。我们不能把自己一时的口腹之乐，建筑在其他众生的痛苦之上，如此有损自己的阴德、寿命，这是必然的因果；如果没有这样的因果，何必以"食"比"天"呢？

所谓"上天有好生之德"，可见我们在饮食上也要对生命多加爱惜。儒家有"见其生，不忍见其死；闻其声，不忍食其肉。所以君子远庖厨也！"只不知我们现代的圣人、现代的君子在哪里呢？

整合

　　家庭里的成员，如果意见不同，就需要请族中的长辈出面，做意见的整合，家庭才能和谐美满。一个团体里，彼此思想不一，也必须有领导人大力整合，团体才能健全发展。

　　一场战争之后，部队需要整合；一次联考之后，各个学校也要整合。现在不管政治人物、外交人才、医护人员、各种干部，都需要经常开会整合意见，强力实行分工合作；整合得当，所有的目标、事业，才能得以迅速发展。

　　所谓整合，就是要精简人力，提高效率；所谓整合，就是要掌握主动，发挥作业功能。有整合，才能发挥执行的力量。像现代的图书目录，索引就是资料的整合；现代的开会议事，就是把众人的意见经过整合，达成共识。有共识才有团队的精神，有共识才有团队的目标，才能发挥团队的力量。

　　人体上，眼、耳、鼻、舌、身虽然各有不同的样子，彼此职司不同的功用，但都是为了维护一个主体的功能。一个人的肝、肺、肠、胃，也有不同的机能，但是所有的作用，也都是为了人体的健康。如果当中某一个器官有了毛病，就需要加以医疗，把他整合得能够跟大家相互配合。

整合并非一窝蜂地聚集，眼睛能看，耳朵就要能听，口舌则要能言，彼此各司所用，才是整合。例如中国人谈读书，都鼓励人要眼到、手到、身到、心到、口到、耳到；六根都到齐了，再来就是彼此分工，才能达到事半功倍之效。

一部机器需要螺丝钉来整合，一栋建筑需要木石砖瓦来整合；有整合，才能增加力量，有整合，才会进步。佛教讲因缘法，从因到果，也不是必然的，当中还需要有"缘"来帮"因"和"果"整合，才会有"如是因"感"如是果"。就如同办一桌宴席，各种的菜肴、佐料，必须有高手的厨艺来整合，才有美味。一座花园，有了奇花异木，也要有园艺专家的智慧将它适当布置，才有美感。

一般人都希望整合他人，其实世界上的民族之多，各有所思、各有所想，不容易整合；世界上的国家之多，各有规章、各有主义，也不容易整合。即使是我们左右的亲朋好友，各怀心事，多所不同，也不容易整合。人之整合，所容易者就是自己，把自己的心意集中、思想统一、里外一如、事理融合，所谓人情理法，你都能整合得当，何患事不能成呢？

转型

　　时代的齿轮一直都在向前转动，论时间，有昼夜长短；论空间，有远近高低；论心思，有各种的喜怒哀乐。所以，在很多不同的遭遇、境界里，必需要懂得"转型"。

　　遇到高山河流，能不转个弯吗？逢到灾难危险，能不设法躲避吗？所以人类要求安全生存，"转型"是不可避免的进程。

　　人类从蛮荒的古代，转型而为游牧生活；从游牧生活又慢慢转型为农业生产；从农业生产进而转型到工业成就，进而又到现在多功能的科技时代。

　　就拿政治来说吧！从神权时代而到君权时代，从君权时代转型为民权时代，将来必将从民权时代发展为生权时代。过去的社会，男尊女卑，现代的风潮，不是已经转型为男女平等了吗？只是，过去种族的优劣、阶级的观念，何时才能真正转型为人人平等呢？

　　社会因为一直在转型，所以时代才能不断进步，才能时时契合自然的发展。达尔文的"进化论"，说明自然界的各种生物、植物，为了生存，必须转型；转型才能进化，才能不被淘汰。

自古以来，政治上的当权者，不肯无私地为全民利益而奉献，所以政权就会沦亡；一些经济企业体，不能随着时代而进步，随着社会需要而转型，所以百年老店也需转型。

转型才能适应时代，转型才能带来进步。你看，每个人早晨起床，都要举手伸腰，做一些体能运动；因为能转、能动，才有健康，才有活力。台湾地区的教育，联考制度维持了几十年，一直不肯转型，现在想要改革，却是百病丛生，因为停顿的时间太久了。人民的旧思想、旧观念、旧有陋习不肯转型，让我们的社会虽然拥有二十一世纪的科技，生活头脑却还停留在十七世纪。

佛教讲"法无定法"，一切法苦空无常，都是随时、随地、随境、随心在变。遇到应该有所转变，就要随顺需要而变；能够知所转型，才是生存、进化之道。

所谓转型，其实最重要的是，我们要转迷为悟、转恶为善、转痴为慧、转暗为明，懂得转变，才有进步。春夏秋冬，一年四季，不是一直都在更新递嬗吗？生老病死，生命不也是时时都在自然地转换吗？政治、经济、人文、社会，都要经常转型，人类自我的意识、思想、心境、生命，也要时时转换，才能进化！

断层

  世界上由于地震频繁，各地对于断层造成地壳变动所引发的地震现象，无不密切注意、探勘。在台湾地区，光是台南县境内就有新化断层、木屐寮断层、六甲断层、左镇断层、曾文溪口断层等。此外，台湾九二一大地震的主要起因，就是车笼埔断层活动所造成。九二一地震带来的重大伤亡，至今回想起来仍令人感到心有余悸。

  其实，岂止是土地断层可怕，人事的断层更可忧。雄才大略的创业者，一生缔造了许多事业，可惜下面没有人才继承，这就是断层。父母创造了可观的产业，但是儿女不争气，家族事业也会遇到断层。

  政党没有继承人才，政党会断层；教育没有继承人才，教育也会断层。自古以来，开国的君主千辛万苦开创基业，但经营几十年，多则几百年，遇到子孙人才断层，也会有亡国之恨。孔孟的学术，所谓"兴亡之道"，因为后世没有人才继续，也是断层。

所谓"断层"，正如佛法所说"世事无常"。中国人常说"富不过三代"，都是因为断层的关系。中国人基于自然法则，认为断层也是想当然尔。其实有一些特殊的知识、智慧，如武术的秘笈、家传的药方等，只要肯公开流传，就不致于断层。但因为中国人向来有密方不外传的习性，例如传男不传女、传媳不传女，或是传家族不传外姓等，由于种种落伍的观念，使得优秀学术及武功有了断层，因此现代人只有慨叹，希望华佗再世，希望包公再来，希望鲁班重生，希望神童重现。

英国的丘吉尔说，一个伟大的人物不在于自己缔造多大的成就，重要的是要有继承人，这才算是一个伟大人物。在中国台湾地区，张忠谋被称为"半导体之父"，王永庆是"经营之父"，乃至国外有"交响曲之父"海顿、"美国宪法之父"麦迪逊、"进化论之父"达尔文等。像这许多"之父"都可敬可佩，可是他们的儿子在哪里？徒弟在哪里？继承人在哪里呢？难道这一切都是命运注定的吗？

日本松下幸之助先生是"创业之父"，到了晚年深知事业不能没有人继承，因此创办PHP研究所，藉以培养人才来继承他的企业经营理念和对人类的贡献，他认为这才是企业家的责任。

谈到继承的问题，如果要消除断层的忧虑，必须要未雨绸缪，要早早储备人才，因为人才不会无端从天空掉下来，也不是可以凭着个人喜好去任命的，所谓"实至名归"，必需要有实力，有人望，要如众星拱月，月亮才能发出光芒。

　　有了人才，还要防范彼此唯利是图，互相嫉妒障碍，如庞涓嫉妒孙膑、周瑜不容孔明；由于彼此互不兼容，纵有人才，不造成断层者几希矣！所以，一个团体要想没有断层的忧患，先要有"公天下"之心，不一定凡事非要我的子孙、我的派系、我的后人。人才，天下有之，天下用之，天下重之，天下人培养之。如果能够早一点把事业公诸大众，公诸社会，或者本着"三个臭皮匠，胜过一个诸葛亮"的理念，以集体领导的方式来发展，也不失为补救断层之道。

圆梦计划

人生不能没有梦想，人总希望自己能"美梦成真"。莱特兄弟飞机升天，富兰克林发现电，乃至近代的品种改良、山河改道、登陆月球等，都是人类的梦想，现在不都一一梦想成真了吗？

有的人从小希望成为富豪，许多平民也梦想登上皇权的宝座。小兵希望成为大将，麻雀希望飞上枝头变凤凰，甚至天方夜谭、一日皇帝等，也是梦想成真。

人不能没有梦想，但是梦想不是幻想，不是痴想；梦想虽是独立意识的活动，但是梦想也有它的因缘，也有时空人我的假设世界。总之，凡事都要有因缘，才能让美梦成真。

现在教育部门为让优秀的大学生可以直攻博士学位，让大家能实现当博士的美梦，几经开会讨论修正"大学法"。此即说明，人生确实有许多的梦想，可以藉由勤劳、智慧，可以用因缘、巧遇，用发奋、愿力来实现自己的梦想。

林天来原来是一名工友，因为自己勤奋好学，自学成功而出书成为作家，甚至创业成功当上董事长。所以虽是一名工友，只要肯勤劳上进，工友不会永远是工友，他也可以成为董事长。我自己本人小学都没有进过，但现在凭发心创办数所大学；我本来是一个到处挂单的行脚僧，现在也能在全世界创建几所丛林寺院。因此，一个人只要有发心，有悲愿，还怕圆梦计划不能成功吗？

一棵小树也希望移植到高山里，与大树丛林为伍；一滴小雨点也希望从河流流入海洋，与大海之水共存。人，不怕有梦想，许多政治、经济、教育、军事等各界的顶尖人物，不都是凭着梦想与努力，透过勤劳与实践，最后不都能圆满心中的梦想吗？

武则天只是一个平凡的女孩，由于她有梦想，有理念，终于统治大唐皇朝几十年；刘邦只是一个渺小的亭长，朱元璋只是皇觉寺的小沙弥，他们都凭着出生入死的精神，终于做了汉朝与明朝的开国君主。

梦，是虚幻的；梦，是不实在的。有的人天天做着无聊的梦，做着无厘头的梦，也有人规划他的梦中王国。《维摩经》说："修习空花万行，宴坐水月道场，降伏镜里魔军，成就梦中佛果。"

此刻起，让我们每一个人好好地开发心里的能源，实践梦想吧！

毁灭

　　世间万事万物，生生灭灭，一般都说是自然的常理，所以在同一个时代里，有多少王朝、多少英雄好汉诞生，也有多少的国家、多少的名人毁灭了。在某一个时期里，多少企业家凭着赤手空拳，创业成功；也有多少飞黄腾达的企业家，在短暂的时间内销声匿迹。

　　我们平时注意到历史王朝的诞生，常常在短短期间内又毁灭了；我们也看到左右的亲朋好友，一下子拥有了荣华富贵，一下子又被时间毁灭了。在生存的世界里，成功的可喜，毁灭的可悲，人生就是在这样的悲喜中生灭流转。

　　语云："人无千日好，花无百日红。"甚至有人慨叹，"富贵"不会超过三代；生之可喜，灭之可悲，这不就是人生的写照吗？

　　我们看到一个千娇百媚的美女，忽然香消玉殒，我们就说红颜薄命；我们看一个英明有为的青年，才华横溢，前途无限，但一场车祸意外，所有的光环霎时就像流星一般消逝了，令人为他惋惜。

我们也遇到一些贫苦的社会大众，因为政府的政策，给了他时来运转的机会，一夕之间可以成为富翁，例如土地重划、社区兴建，不是会使很多贫苦大众顿时成为富翁吗？我们也见到父母将万贯家财遗留给子女，不消数年，儿女不善经营，沦落为贫苦大众，可见得毁灭性的伤害着实可怕。

现在尤其可怕的，诸如战争的毁灭，自然界风灾地震的毁灭，经济萧条，也带给举世莫大的恐慌。

俗语说："人无远虑，必有近忧。"我们一想到人间生灭无常，在生存的一刻，就要相互提携、相互尊重、相互帮助。自然界已经给我们太多毁灭性的伤害，人类如果还要互相摧残、嫉妒、打击、破坏，这是何等的痴愚不智呀！所以我们要防止地球人类遭到毁灭，唯有社会大众好自为之，大家互相赞美歌颂、互相尊重包容吧！

自杀攀升

　　台湾二千三百万人口，根据二〇〇四年六月十一日《联合报》的报道统计，平均每三小时就有一人自杀，而男性自杀的人数是女性的两倍。台湾自杀人口已经攀升为青壮年人口的第三大死因，这实在是一个值得正视的严重问题。

　　在佛教的戒律里，认为一个人最大的罪恶莫过于杀生，包括自己动手去杀、教唆他人去杀，或是看到别人杀而欢喜，这都是杀生。但现在所谓的自杀，不是杀人，也不是杀别的动物，而是自己结束自己的生命，这真是匪夷所思。

　　大自然之所以被人歌颂，就是因为自然界充满了盎然的生机，无论是地上走的、水里游的、空中飞的，甚至寄附在各种动植身上的爬藤、细菌，只要正当，都给予生存的机会。蝼蚁尚且知道惜生，人是万物之灵，为什么要自己结束生命呢？

　　或许有的人自杀是因为遇到不能解决的问题，例如情场失意、经济倒闭、身体长年疾病，承受不了重大刺激、感到前途无望等，因此想要用自杀来结束一切。

但是据研究所知，自杀不能解决问题，因为自杀死亡只是这一期生命的结束，另一期生命的因果关系还是受此牵连。尤其个人以自杀来求得解脱，实际上留给家人的痛苦，以及让社会付出的重大成本损失，不啻都是当头一棒。因此，聪明而有理智的人，应该要有解决问题的勇气，不要把自杀后的烂摊子留给未来，或是留给亲人负担，让生者情何以堪，自己又是何其残忍呀！

现在自杀的现象，也不光只是老年人因为感到生的趣味淡然而有轻生的念头，事实上有些年轻人也在赶自杀的热闹。年轻的男女情场失意，醋海生波，一时想不开就随意的用自杀来了脱。其实想想父母家人、亲朋好友，可爱的人何其多，为什么自杀只为他一个？

有的人因为考场不得意而萌生死意，这是一种比较、计较的心理，其实凡事不必在意一时，只要立志，何患将来没有出人头地的一天，为何要用自杀这种愚昧的行为来了断自己的一生呢？

名利爱情诚可贵，生命的价值更是高！奉劝世间一些意志薄弱、经常想不开的人，在自杀前不妨多找一些善知识或亲朋好友，多多诉说你心中的想法吧！

十大死因

　　人生有两个最大的问题，一是生，二是死；生之不易，死更艰难。为了生存，种种努力奋斗，种种勤劳辛苦，读书求学，谈情说爱，生育儿女，负责家计，上要孝敬老人，下要扶育幼小，还要负责多少社会的责任。除此之外，身体上的疲劳，心灵上的烦恼压力，外境的是非委屈，在在都感到生之艰难。

　　人不但求生不易，死神更是无时无刻不在虎视眈眈地伺机而动。最近经卫生署统计，公布国人十大死亡原因，分别是：1.恶性肿瘤（癌症）；2.脑血管疾病；3.心脏疾病；4.糖尿病；5.事故伤害；6.慢性肝病及肝硬化；7.肺炎；8.肾炎、肾症候群及肾慢性病；9.自杀；10.高血压性疾病。

　　死亡是每个人必经之路，但是有的人得享高寿，到了油尽灯枯的时候，自然寿终正寝，称为善终，这是最好的结果；但是也有的人正当青壮年的时候，意气风发，亟思有一番作为，却在这个时候医生宣布得了不治之症，结果因病撒手人寰，真是情何以堪！

　　除了十大死亡原因之外，还有一些难以避免的意外死亡，如车祸、溺水、火灾、中毒，或是瘟疫传染，或是战争事故。有时是风灾地震，或是遭人暗害，冤屈致死，多得不胜枚举。

　　因为生死是人生两大问题，所以佛教喊出"了生脱死"的口号。但是追究起来，了生脱死并不是真的不死，而是在生死中有信仰的力量可以处理生死。例如：满足、忍耐、明理、淡泊，这都能减少生的压力；再如对未来生命的憧憬，对求生净土的希望，对善因善缘得使来生更好的果报之深信，都能让我们对死亡有一些超脱的认知。

　　其实脱死的意思，也并不是说明人生可以不死，只是说明生死是生命的自然现象，虽有十大死因，但是自己也可以透过一些方法来延长生命，不要让生命留有遗憾。例如癌症是十大死因的第一位，癌症患者大都与喝酒、吸烟、熬夜、生活不正常、多食肉类有关。如果我们要避免致癌，就不能不注意生活及饮食习惯的正常。

　　另外，脑血管和心脏病，也都是由于生活不正常，饮食不当，情绪不稳，烦恼、冲动、偏激等造成。因此，担心罹患脑溢血或心脏病的人，也不能不注意致病的起因。

　　人要做自己的医生，平常多运动，饮食要节制，生活要正常，情绪要平和等，都能有益健康。总之，十大死因虽然可怕，如果求生意志强烈的人，注意信仰、道德的生活，平时多运动，常保心情的愉快，各种死因也并非不能改善的呀！

佩服

　　每个人一生当中，总有几个令自己佩服的人或事，例如佩服人行侠仗义，佩服人乐善好施，佩服人功成名就、佩服人对社会的贡献，甚至幽默机智、精明能干、慈悲助人等。凡是受人佩服的，必有其不同于一般人的特殊成就，或是人格特质。相对的，一个人肯佩服别人，也有他的条件，例如懂得谦虚自抑，懂得见贤思齐，懂得知所不足等。

　　佩服别人，才有效法的榜样，佩服别人的人，会有进步。过去万里寻师，就是因为佩服某位高僧大德；程门立雪、慧可断臂，都是因为佩服。不肯佩服别人，并不表示自己伟大，反而显示自己肚量狭小，例如周瑜不佩服孔明，以致有"三气周瑜"，最后吐血而亡。因此每个人应该常想，我要能够令人佩服，并且实际做一些让人佩服的事，例如肚量大，有道德、人格、气质、内涵、修养、幽默、机智、慈悲等。

　　周文王对姜太公，就是佩服他的智慧，所以渭水之滨一谈，即刻

不要好大喜功，稻穗成熟就会低头；
莫以善小不为，涓滴长流终能成河。

有的人值得被人利用，故能成才；
有的人堪受被人利用，故能成器；
有的人不能被人利用，故难成功；
有的人拒绝被人利用，故难成就。

带他回府封为宰相；小凤仙因为佩服蔡松坡忧国忧民，因此结为知己，甘愿为他奉献一切。多少人舍家舍命，如黄花岗七十二烈士因佩服孙中山先生救国救民的革命精神，因此追随他抛头颅、洒热血。

佩服一个人，不但要追随他，学习他，甚至为他牺牲，在所不惜。张大千因为佩服石涛，模仿其画作，成为一代国画大师；欧阳竟无因为佩服杨仁山，投身座下，后来成为一代国学大师。多少人因为佩服苏东坡的文学造诣，模仿他，学习他，成为一代文豪；有的人因为佩服太虚大师倡导佛教的教理、教产、教制改革，所以跟随他的学生，如法舫、法尊、慈航、印顺法师等，都成为一代高僧。

有的人因为平易近人，令人佩服；有的人因为刚正不阿，令人佩服；有的人因为有情有义，令人佩服；有的人因为忠孝双全，令人佩服；有的人因为牺牲自我，成就他人，不得不令人佩服；有的人因为冒险犯难，例如阿姆斯特朗登陆月球，因而让人佩服。还有那些爱护动植物，重视自然，提倡环保的人，不但让大自然感恩，人类也会对他佩服。

海伦·凯勒身为残障人士能够成功，固然令人佩服，在印度的德蕾莎修女为贫苦大众服务，不也让人佩服？唐尧虞舜公天下，他们的胸襟为人佩服；美国华盛顿不以国家为己有，他以选举倡导民主，作为世人的模范，也一样让人佩服。

佩服人的人不是渺小，佩服人也是一种美德；因为佩服有成就的人而生起效法之心，不也因此让自己受益吗？

乘势

　　人要顺势而为，顺势是随顺因缘，懂得乘势随缘的人，一切事业容易成功；如时机因缘不到，一般说"逆天而行"，就是不懂因缘，自然到处阻碍重重。

　　顺水推舟，当然容易前进；顺水人情，自然会获得别人的欢喜。就是中国的太极拳，也是顺势攻守，因此往往无敌于天下。

　　天地间，天有"天势"，地有"地势"，人有"人势"，情有"情势"，理有"理势"，甚至财有"财势"，名也有名的"威势"。所以"势"之用也，逆势而为，不容易成功；顺势而行，自然水到渠成。所谓识时务者为俊杰，如果居于逆势，也应该要有转换情势的力量，才能立足于世间。

　　见到雨水充足，要准备插秧播种，这是顺天乘势；看到天旱不雨，赶快换种杂粮，也要顺应情势。当别人欢喜的时候，顺势表达随喜欢笑，也会获得同事同乐的效果；看到别人伤心失意，适时给予安慰鼓励，自会获得别人的感谢。

　　别人贫穷的时候你不雪中送炭，等到他飞黄腾达了再来锦上添花，已经无济于事，失去意义。人都欢喜及时雨，因为来得适时顺势；人都希望适时的帮助，一旦时过境迁，即使再多的好意，已经不能获得别人的领情了。

　　天忽然变冷，要赶快顺势加一件衣服；饭已经煮好，要趁热吃它，如此煮者、吃者，皆大欢喜。打铁不趁热，好话不适时出口；马后炮总不如先锋部队适时，打棒球的后援投手总不及主投手重要。

　　顺势的反面就是逆势，逆势也不是绝对不能成功。一场战争处于逆势，但由于军心气势旺盛，也可能转败为胜。求学读书如同逆水行舟，不进则退，但是如果你能以勤补拙，人以一之，我以十之，在逆势中也非不可为也。龟兔赛跑就是一个很好的见证。

　　少壮不努力，老大徒伤悲，这就是告诉我们，在青壮年的时候要晓得顺势往人生的旅途迈进；如果到了人老力衰，虽是逆势，但能凭着经验智慧，则无论处在任何情势中，也能一较长短。

　　顺势可为也，逆势艰难，但也不能灰心丧志，也要鼓起勇气，壮大志气，虽有挫折困难，还是有转换情势的余地。

待人好

　　过去私塾中的学生，学业未成便想外出发展，老师担心他所学不精，难以立足。学生说："老师不必挂念，学生外出就业，只要有一百顶高帽子，就能所向无敌。"老师不以为然，说："做人要凭真才实学，哪里是替人戴高帽子，就能通行无碍呢？"学生说："老师不必挂碍，不管我走到任何地方，只要标榜我是老师的学生，老师的道德、学问可以说名扬四海；所谓名师出高徒，只要我抬出老师之名，别人还能不照顾我吗？"老师听后大悦，说："那你或可功成名就了。"

　　其实光是替人戴高帽子，这是不够的，因为好话说多了变成空话，就会失去价值，所以只讲好话不如"待人好"，待人好比替人戴高帽子，更有实际的效用。

　　待人好，例如我们对人的关怀，哪个不要人关怀？我们对人尊重，哪个不要人尊重？我们给人帮助，哪个不要人帮助？我们给人方便，哪个不要方便？所以，待人好是在团体人群里立身处世的法宝,是成就的不二法门。

所谓"待人好",要有与生俱来的性格,当你走近别人的时候,给人几句好话,或者给人一个微笑、一个谦恭的态度、一个随手的帮助,再加上待人谦虚、诚恳、厚道、慈悲,做事反应灵巧,能如此树立起自己的形象,做人会所向无敌,做事会无所不成。

"待人好"是一句老生常谈的话,但实际上人之一生,在做人处事上,有的人活到七老八十,对于如何"待人好",总是学不到精髓。"待人好"不是只凭嘴皮子说好话,而要以真心、诚心、虚心、爱心,给人因缘,给人方便,这才更容易为人所接受。

我们做人处事遇到挫折,原因无他,一定是对方嫌我们待人不够好。讲话,话里有刺;笑容,笑里有诈。待人不够真诚,助人另有企图,让别人对你不放心,如此要想有所成就,就难矣!

待人好就是待自己好,甚至比待自己好更为重要。待人好不是虚伪做作,也不是临时起意,待人好的性格,要在平时养成。所谓"敬人者人恒敬之",你希望别人待你好吗?那你就应该以希望别人待你好之心,一转而为待人好,如此自然无往不利。

搭机

现代人多数都有搭乘飞机的经验，有的人纵使不能出国旅行，也会有搭乘国内航线的经验。在过去没有飞机的时候，走路可能要花上一两年的时间，现在搭机只要几个小时就能把你送到目的地，真是天涯咫尺。

一般人最初都很羡慕、向往搭乘飞机，因为可以凌空翱翔、穿梭云际。在高空中俯瞰大地，感受天地的辽阔、宇宙的浩瀚，真是无比新奇，所以第一次搭机的人，都会非常兴奋。但对于终年旅行各地的人士来说，想到搭机，无不视为畏途。搭机的危险，座位的局促难受，有时遇到乱流的颠簸，甚至那种上不着天、下不着地的不落实感，有时搭乘一趟远程的飞机下来，真像是被人剥了一层皮一样。

现在举世的航空业，大都很重视旅客的福利，讲究舒适与方便，只要经济负担得起，除了经济舱，还有商务舱，甚至有头等舱可以选择；不但椅子可以坐卧两用，甚至可以睡下来。对于旅客在机上如何消磨时间，除了备有茶水点心、书报杂志外，并有可口的饮食供应，甚至还有电视、音乐、影片欣赏，以解除漫漫旅途的枯燥、无聊。

现代的飞机，也都备有空中通讯电话，让你在机上也能直接和家人通话；机上还有礼品贩售服务，不管送朋友、家人，都为你设想周到，帮你准备齐全。

现代的人生，只要有金钱、有时间，不用一个礼拜就可以环绕地球一两圈。上午在亚洲，下午可能送你到澳洲；今天在澳洲，明天可能到了美洲。一天之中，可以从英国到法国，再到德国、荷兰等。不但空中的巴士让你方便，甚至人类已能搭乘航天飞机到月球去，漫游在太空之中。

飞机把地球的距离缩短了，飞机把国与国之间的关系拉近了，飞机让人际往来的关系更为密切。虽然偶有空难事故，给人间带来灾难、悲哀，但人类还是应该感谢科学的昌明，甚至应该感谢机上所有工作人员，由于他们的辛劳、服务，才能成就一趟舒适的空中之旅。能够心存感谢，则对于旅途的辛苦，就不会感到那么难受了。

拿捏分寸

　　佛经里有一段故事说：某个国王有甲、乙两个大臣，甲大臣为国王所喜欢，乙大臣经常受到国王的呵斥、厌恶。乙大臣甚为不解，经过观察后发现，原来每当国王咳嗽吐痰后，甲大臣立刻用脚将痰擦拭干净。

　　乙大臣想如法炮制，但是每回当他想要向前擦的时候，都被甲大臣抢先一步，乙大臣始终找不到机会。有一天，国王又在"咳、咳、咳"想要吐痰，乙大臣见状，心想这一次机不可失，于是赶快对准国王的嘴边踢去，哪里知道操之过急，一脚把国王的牙齿都给踢掉了。这就是分寸拿捏不准所造成的结果。

　　同样一句话，在什么地方说，在什么时候谈，都有分寸的。做一件事情，要快速完成，或者应该仔细推敲，也要拿捏分寸。现代的社会，不管各行各业，部属随着主管开创事业，你与主管的相处分寸，都要拿捏得好，才能受到主管的欣赏。就算你谈情说爱，因为牵涉到与人的关系，举凡相处的礼貌、行为风仪等，都要拿捏得恰到好处，才能得到对方的赏识。

拿捏分寸，大至国家的政治、军事、经济，在处理的时候，都要拿捏得巧妙准确。什么时候应该实行民主自由，什么时候应该加快经济建设，什么时候要加强教育改革，什么时候可以施展国威，与敌人一较长短；如果没有适当地拿捏好分寸，只是信任金钱外交，只做散财童子，只是企图访问通关，都会被人讥为不懂得"拿捏分寸"。

父母教导儿女，要拿捏分寸，如果父母的教育太过严格，或者说话过重，伤害儿女的尊严，如此不拿捏分寸，后果也不堪设想。老师教育学生，要量才施教，如果不管学生的天分及接受程度，一再给予压力，疲劳的时候，还一再鼓励他要用功勤读，如此不讲究方法，不知拿捏分寸，只是一再要求，也不会有好的结果。

赞美别人要适当，因为必须拿捏分寸；布施为善多少才适中，也需要拿捏分寸，不要以为金钱万能，否则花钱却被人当作冤大头，那才划不来呢！

做事要拿捏分寸，做人更要拿捏分寸，甚至一言、一行、一个动作，只要与人有关，都必须要拿捏分寸喔！

兜圈子

在世间上做人处事，要向前看、向前走，不能老是在原地踏步；在原地兜圈子的人，怎么会有成就呢？战马可以日行千里，但是用它来磨秫，在原地兜圈子习惯以后，它就再也不是良驹战马了。

一个人讲话，始终在同一件事上说来说去，好像兜圈子，不能引发新的意义，不足取也。一个人做事，没有思前顾后，不想左右逢源的关系，只在原地踏步，没有任何进展，自然一事无成。语言没有新意，思想没有拓展，总是犹豫不决，总是在矛盾里反复；不能突破兜圈子的人生，只有平凡以终。

兜圈子的人，都是因为无志无愿。升到科长了，便志得意满，不想再努力上进，当然不容易晋升为处长、局长。小本生意做得也能赚钱糊口，就不再创造更大的企业，当然只能做个平庸的商人，不能成为企业家。

有一些人好高骛远，不切实际，此山望见彼山高，到了彼山没柴烧。因为没有实力，不具备因缘，只能在有限的范围内兜圈子。马戏团里的动物，虽然训练它具备表演的能力，但也只是在有限的范围内兜圈子，只能博取别人一笑而已。小狗一直绕圈子，想要咬到自己的尾巴，绕来绕去，也是空费力气。

打麻将的人，打八圈和打三十二圈，又有什么不同？做大官的人，部、会长调来调去，又有什么意义？一个人即使拥有富可敌国的钱财，也只是在家庭和银行里兜圈子；就是待遇很好的工作，也只是在八行书里往来兜圈子。我执、法执，不能超脱，人生又有什么意义呢？

科学家发明一件东西，可以留芳千古；哲学家一句名言，可以改变人类的思想。所以人生不要被许多的框框给框住了，生命是非常宝贵的，人生应该要开拓思想，扩大心胸，升华人格，增加智慧，要突破人生的困境，要突破自己的限制，要能够与社会脉搏共同跳动，要能与一切众生的忧苦共存在，这样的人生才有意义。

范仲淹说："先天下之忧而忧，后天下之乐而乐。"我们不要再囿限于自己的框中兜圈子了，应该把自己融入到大化之中，与宇宙共同呼吸，与地球共生共存，这又何乐而不为呢？

海鸥

李察·巴哈的作品《天地一沙鸥》，描写海鸥逆风飞翔，励志迎向目标的奋斗事迹，读来感人至深。有一首海鸥的诗词，看了以后也会叫人不得不学习海鸥，奋起向上：

海鸥，飞在蓝蓝海上，不怕狂风巨浪。挥着翅膀，看着远方，不会迷失方向。飞得愈高，看得愈远，它在寻找理想。我愿像海鸥一样，那么勇敢坚强。

海鸥是一种群居的动物，它们居住在海边，贴着浪花起伏的海面飞行，虽然小小翅膀，在逆风中向前，更显得它们的勇敢坚强。

海鸥有一双锐利的眼睛，它飞行在天际之间，却能看得到地上的一切。只要你丢出一块面包，它可以从空中俯冲而下，准确地一口衔走食物。

海鸥非常聪明,也非常恋旧,你喂食它一次以后,它会经常伴随左右;有时吃过你的一点赏赐,它会在你面前上下飞翔,表示对你的回报。

海鸥是栖息在海边的禽鸟,我在澳洲卧龙岗山居的日子,每天早晚都有数百只海鸥前来等食,尤其是休假日,聚集的海鸥更多,想是澳洲人休假日喂食的习惯使然。所以海鸥都能通达人情,顺势与社会的脉动结合。

澳洲人喜欢阳光、海水、沙滩、树木、动物,就像海鸥有群居和谐的习性,也有与人和平相处的生活。澳洲人本性善良,也只有他们才能容纳这许多动植物与人类共荣共存,所以我们在卧龙岗的"海鸥"变"山鸥",也就不以为怪了。

有时候我们不但羡慕海鸥与狂风搏斗的精神,我们更羡慕海鸥在天地间飞翔的美姿和自由。海鸥从不给人豢养,但善于和人为友;和而不流,流而不俗,这就是海鸥高贵圣洁之性。

一般人都说大自然可爱,山之崇高,海之无边;在蔚蓝的天空里,山边、海上,几只海鸥悠闲地飞翔,真是把人间之美点缀到了极点。所以,人类何必一定要汲汲于钻营名利,何必要患得患失;能像"天地一沙鸥"那样潇洒自在、乐天知命,多么美哉!

留白

明朝于谦有一首诗说："千锤百炼出深山，烈火焚烧若等闲。碎骨粉身浑不怕，要留清白在人间。"这首诗像是一个谜语，谜底就是石灰。

石灰取材于山上的石头，经过高温焚烧而成，把它涂在墙上，就是为了留下一个"清白"在人间。但也有人说，人生不能留"白"，意谓不能不在人生的岁月中有所成就。

人生能够留下成就固然很好，但是如果说留"白"不好，难道要留"黑"吗？现代的艺术品，像中国的山水画，都讲究留白；一张照片，也要留有空间，叫做留白；现在的书籍印刷，美工设计也都很讲究留白。

"白"之一字，当做空间，当做清白，当做画面。总之，除了多彩多姿的人生以外，最重要的就是清白的人生。像文天祥"人生自古谁无死，留取丹心照汗青"，这就是他要为生命留下忠君爱国的清白；诸葛亮鞠躬尽瘁，死而后已，为的也是为人间、为自己留下一个清白的名声而已。

自古以来的文武百官，食君之禄，除了在能力事业上贡献国家之外，能在身后留下的就是一个清白。即使现代的工商企业界，每日与交际、金钱为伍，可以说难得清白。但是有为的工商人士，将本求利，讲究童叟无欺，讲求道德良心，都是为了留得一个清白。

郑成功据有台湾，高举义旗抗清，虽未成功，至今"延平郡王"仍为全台人民所敬仰。

汪精卫当初谋刺摄政王，"引刀成一快，不负少年头"，何等清白自许！但最后成了日本汉奸，组织伪政府，所以慨叹不能留芳千古，只有遗臭万年。

伟大的人物留有清白作为人间的模范，这是理所当然的。即使是小人物或一般的普通民众，上无愧于天理，俯无怍于人情，就是清白。就如现在讲究身家调查，都是考究每个人是不是身家清白。

靠贪污致富的官员，靠权势欺人的政要，就算是赫赫威威，也难以叫人佩服，因为他们少了清白。有的小民，如颜回居陋巷，黔娄死后没有盖被遮身，但是他们留下清白的人格，仍是受人敬仰。因此，大人物也好，小老百姓也罢，士农工商、公侯将相，总之肉体的生命不能与时间长存，唯有留下"清白"，才可以与世间同在。

选佛场

　　现代社会，不少人每天都要浏览报纸的小广告，看看职业栏里有没有自己理想的工作；有的人每天从海报文宣，或托房地产公司中介，也想找一块适合自己的土地或房屋。

　　单身汉托朋友、媒人介绍，希望选择一个合意的对象；家庭主妇上百货公司，为了选择自己需要的物品。总之，每一个人总是就着自己的喜爱，选一份职业，选一个朋友，选一位伴侣，选一件衣服，大大小小，都是为了选取自己所心爱的。

　　心爱的，也不一定是最好的。所谓"人心不同，各有所爱"。你选爱穿的，我选爱吃的；你选爱吃的，我选爱住的；你选爱住的，我选爱玩的，各有所好，各有所需。可是，有人想到一个更重要的选择——选佛场。选佛场，就是选择一个信仰。有人选择信天主，有人选择信耶稣，有人选择信王爷，有人选择信妈祖，甚至有人选择信城隍、土地。当然，更多的人选择信佛。

信佛也有多种，有的人"信佛不信法"，有的人"信佛不信僧"，有的人"信佛不信人"。同样的，也有人"信人不信佛"，有人"信法不信佛"，有人"信僧不信佛"。

所谓"选佛场"者，佛教的道场里，应该什么都具备！你可以选择慈悲，你可以选择智慧，你可以选择忍耐，你可以选择结缘，你可以选择持戒。所谓选佛场里，所有宝藏，琳琅满目，你要怎么选呢？在宗教里，什么都能选，就是不能选邪道；在佛教里，什么都能选，就是不能选邪见。宁"迷"不"邪"，这是非常重要的。

其实，选佛陀，选耶稣，选天主，选妈祖，选土地公，都是选自己。你的心喜欢什么，当然会是什么！你心中有魔，你会选魔；你心中有鬼，你也会选鬼。所谓人和人好，鬼和鬼好，性近的就会觉得合乎自己所爱。

所以，真正要选，在佛法里有四依止，我们也可以将之改为四选：一、选法不选人；二、选义不选语；三、选了义不选不了义；四、选智不选识。

你要把自己的人生定位在什么层次呢？就看你如何选择。"选佛场"还是值得一选。

突围

在一场战争中，部队被敌人包围了，突围而出是很困难的事，就算是下一盘棋吧，如果自己的棋艺不精，被对方包围了，要想突围而出，也不是一件容易的事。

一个人想不开，被自己的思想包围，不能突围而出，就是自寻烦恼。有的人被金钱包围，不能突围而出；有的人陷在人情里，不能突围而出；有的人受制于传统习惯，不能突围而出。总之，不能突围而出，被围困的日子就是不自由，就是不好受，就不能解脱。

有人问三祖僧璨："如何解脱？"禅师反问："谁束缚你了？"问的人仔细三思后，说："没有人束缚我呀！"禅师说："那我已经为你解除束缚了！"

所谓"束缚"，往往是自己束缚自己，如果不能从自己的束缚中突围而出，那就是最失败的事了。我们好名，就被名位束缚了；我们好权，就被权势束缚了。贪瞋好色的人，就被贪瞋财色束缚；无明欲望的人，就被无明欲望束缚。所以人都是因为有"我"，不能从"我"突围而出，一生一世都被"我执"所囚，看起来要想突围而出，还真是需要大费一番周章呢！

多少科学家研究发明，种种的实验、推敲，终于发现物理的奥妙，所以科学家需要从物理定律中突围而出；禅师参究"什么是自己的本来面目"，经年累月，忽然透出了消息，所以悟道就是从思想的迷执中突围而出。

赵子龙长坂坡救阿斗，以他的英勇能够突围；关云长过五关、斩六将，因他的忠义之心终能突围而出。西汉朱买臣专致读书，虽然家贫如洗，不但亲友瞧不起，连妻子都下堂求去，但他最后从贫苦中突围而出，成为西汉名臣；东晋祖逖闻鸡起舞，强身救国，他从勤奋中突围而出，成为晋朝的一代名将。蔡松坡从私情中突围而出组织护国军，因而有民国的二度诞生。

一般人往往被称、讥、毁、誉、利、衰、苦、乐"八风"所囚，所以一个人不要私情太重，不要庸人自扰之，不要自己被自己束缚。有为的人生应该从束缚中、从包围你的境界中突围而出；突围出来，才有你的前途，才有你的成就。

危机处理

在你的一生当中，你有遇到过"危机"吗？当你遇到危机的时候，你有处理的机智吗？

童年幼小，在路上遇到一个图谋不轨的陌生人，他追赶你，你怎么办呢？及长入学读书，家里贫困，必须做工维持生活，但是老师逼着三日一小考，五日一大考，没有时间读书，眼看着即将面临退学的命运，这时要如何突破困境呢？

结婚以后，没有好的职业，生活艰难，家庭日用，日渐拮据，另一方想要离婚，这时该怎么办呢？到了老年，儿孙一一投入各自的世界，发展他们的天地，一个孤独老人，怎么生活呢？

人的一生，总会遇到一些可以预料与不可预料的危机。夜晚忽然停电了，平时没有准备手电筒或蜡烛，如何是好？乘船出海，忽然起风，惊涛骇浪，小船颠簸，惊险万状，怎么办呢？走在街上，遇到警察，是他抓错了人，但你如何自救？就算你是读书人，遇到阿兵哥，讲理也没有用，你又奈何？

台风之夜，地震之时，战争开始，盗贼入室，甚至车祸受伤，工作被撤；乃至盛年之际，医生突然宣告你得了不治之症，或是受到恶疾传染，不久于世，这时你该怎么办呢？

当危机降临的时候，不可慌张，要临危不乱，镇定以对。无论什么危机，先要知道起因，千万不可把问题复杂化，要简单地找出自己能够解决的办法。因此，面对危机，唯有冷静、机智，才能解决问题；慌乱、紧张，于事无补。

据闻美国某家报纸，曾举办一项有奖征答活动。题目是：在一个热气球上，载着一位科学家、一位环保专家、一位粮食专家。不料在飞行途中，热气球忽然漏气，不能载重，必须丢出三人中的一人，以减轻重量。但三位专家分别对于科技的发展、环保的维护、粮食的生产，各有所长，都与人类的命运息息相关。这时究竟应该牺牲那一位呢？当然，万千的应征者都各有见解，大家众说纷纭，各执其是。最后结果是一名小男孩中奖，他的答案是：把最胖的那个人丢出去。

危机的处理，第一要有认识危机的常识；第二要有应变的能力；第三要有静定的修养；第四要有往日的因缘。有了以上四点，则危机处理不难矣！

歇后语

人类透过语言来表情达意，有的人慷慨陈词，有的人幽默风趣，这都是语言运用得巧妙；然而有的人说话不当，祸从口出，这就患了语言上的错误。

在很多的语言表达形式当中，"歇后语"是一种耐人寻味的特殊语言，从古代就在中国流传甚广，具有浓厚的生活气息与民族特色。

所谓"歇后语"，就是借用别的词语、典故，说出所要表达的意思，亦即所谓的"意有所指"、"意在言外"。因为歇后语大都"歇"去后半句，只要说出前半段，闻者即能领会其意，因此而得名。

例如：商场上订定契约，彼此条件谈不拢，就说"四两棉花"——"免谈"（免弹）。有的人讲话没有重点，让人不知所云，不解其所说何来，就说他讲话如"丈二金刚"，让人"摸不着头脑"。如果自己没有条件，又爱吹牛讲大话，别人就会讥讽他"吊死鬼擦粉"——"死要脸",或说他"泥菩萨过江"——
"自身难保"。

歇后语不是很伤人,也不用引经据典,但是透过这种方式
来表达自己的意思,能收画龙点睛之效,别有韵味。中国民间从
古以来就流传很多的歇后语,如:

刷子掉毛——有板有眼

土地公放屁——神气什么

刘备摔阿斗——收买人心

王二娘的裹脚布——又臭又长

门缝里看人——把人看扁了

狗咬吕洞宾——不识好人心

刚学飞的鸟儿——不知高低

猴子穿衣服——装人样

看人挑担——不知轻重

官老爷出告示——百姓遭难

刚买来的马——不合群

给了九寸想一尺——得寸进尺

风中蜡烛——说灭就灭

打肿脸充胖子——外强中干

狗咬刺猬——无处下口

部长到县府——大摇大摆

放虎归山——后患无穷

不倒翁落地——两头不着实

飞机上报告——空话连篇

苦海无边——回头是岸

歇后语往往语带幽默，而且俏皮、风趣，举用得当，能令闻者发出会心的一笑；但是稍有不慎，那可真是成了"猪八戒照镜子"—"里外不是人"了。所以从"歇后语"的应用之妙，说明人在说话时，要懂得含蓄，要能留给人思维、反省的空间，这也是说话的艺术。

争取

　　佛经说，佛陀入灭后的第五个五百年，是斗争坚固时期。其实，自从有天地以来，宇宙间就不断弥漫着战争。人与人争，人与土地争，人与动物争，人与海洋争，人与气候争，甚至人与大自然争。

　　斗争好像是人与生俱来的性格，从斗争的性格一直延续到现在，就算没有战争，整个国家、社会，乃至个人、家庭，也无有不争。

　　婴儿时期，以哭闹向父母争取关心宠爱；稍长，向家庭以外拓展，就是儿童也要争取他的地盘。长大以后，要争取一个谈恋爱的对象；就业时，要争取一个好的职业；读书，要争取一个好学校，甚至好老师。

　　争取好的居住环境，争取好的社会福利；争取已经成为每个人在世间生存所必须具备的本能。前几年台湾的行政机构，很少能主动为人民谋福利，大多要靠人民主动去争取，因此有台湾的农渔工，十万人走上街头；之后，教师也十万人走上街头，甚至铁路员工以罢工来争取福利。有时候个人的声势不够，还要结合大众的力量，共同来向政府抗议、争取。

此外，现在的开发道路、开发社区、开发水利、开发公园，你不争取，谁会像太阳一样，主动照耀？谁愿意如和风一样，自动吹拂？世间哪里会有这样的好事呢？

曾经社会上流行着一句这样的话："会吵闹的孩子有糖果吃"，所以当官的人平时大多不做事，就是等着你来争取；官员希望百姓要接受他的支配，这样才能显示出他的权威。

争取，争取，现在整个社会到处都在看谁的声音大，看谁的拳头粗，看谁的关系好，看谁的本领强，如同达尔文说"物竞天择，适者生存"，这就是人间发展的必然规则了。

争取并非不好，只要是能为大众争取，为历史争取，为正义争取，为弱势团体争取，为偏远山区争取，都算是仁人君子。但是有一些人，只是为个人争取，就连做了八年领导的人，一方面争取自己的薪水待遇，可是又发出不当的高论，这种争取就是大大的不当了。

也有的人争取名位，争取待遇，甚至争取出差旅费，现在台湾地区的一个官员出国，一天就要花一万元以上，所以美国的《世界日报》报道说，台湾官员争取出国，让政府的总预算出现"财政吃紧，官员紧吃"的现象，真是一大讽刺。

争取，应该争取自己的形象，争取开发自己的智慧，争取树立自己的道德人格，争取对社会的服务，争取利益群生，争取促进世界和平，争取谋求人民安乐，那才是我们应该尽力争取的事。

下台的时候

　　现在的社会，各行各业每天都有多少人上台，也有多少人下台。上台的时候，有的人带着欢欣荣耀的心情，也有的人勉为其难上台，那是不得已的责任。一到了下台的时候，也是有的人如同失去一切，万分沮丧；但也有的人下台的时候，觉得放下了重担，感觉无比轻松愉快。

　　古人在官场中，升迁贬谪，就是上台下台；现在自由民主时代，所有官职都要透过选举，当选落选，也是上台下台。古人告老还乡，悠游林泉之下；今人下台，多数都有失落之感，不知前途何去何从？上台下台，一上一下之间，往往形成"几家欢乐几家愁"的最佳写照。

　　其实人生如演戏，你看那许多演员，不断地上台下台；又如老师在教学的生涯中，也要不断地上台下台。就算是父母吧，当儿女长大成人，为了发展自己的前途，个个远走高飞，留下空巢期的父母，也要从养儿育女的职务上退休下来。

一般上班人员，到了一定年龄都要退休下台；公司、企业的传承、交棒，也都是下台的意思。下台究竟是好事还是坏事？究竟是应该欢喜还是应该悲伤？难有定论。多少人从政治上起起落落，都是上台下台；多少企业家在商场上浮浮沉沉，也是上台下台。有的人很容易上台，也很容易下台；容易上台的人，别人不但歌颂他的好运气，也应该肯定他的好缘分。

上台的人，有人为他庆祝，也有人在暗地里诅咒；下台的人，有人为他惋惜，也有人暗自欢喜。因此，一个人的上台下台，不但攸关自己的前途，连带的也让很多人跟着有悲欣交集的复杂心情。

有的人上台，"一人得道，鸡犬升天"；有的人下台，"树倒猢狲散"。有的人自己能力、人缘都具备，此处下台，彼处上台；有的人能力不足，人缘不好，下台以后，不知未来希望在哪里？当然不禁让人为他忧心挂怀。

基本上，容易上台的人，也要容易下台；容易下台的人，必定会有比较多的机会再上台。最怕的就是上台忸怩作态，下台也万般恋栈，这种人看在领导人的眼里，未来给予他再上台的机会，恐怕就要大打折扣了。

人生如舞台，在舞台上扮演着各种不同的角色，都要表演得恰如其分；假如下台的时候到了，也不要忧心，只要自己的基本能力、缘分、条件好，所谓"不患无位，患所以立"，还怕什么上台下台呢？

关键

　　人的一生，有很多关键时刻。体坛上，不管棒球、篮球，或是足球、排球等，运动员在球场上奔驰，双方你来我往，最后的胜负，常常是取决于关键性的一球；法院里，很多尘封多年的刑事案件，几乎成为悬案，最后能破案，也是靠着关键证人或证据的出现。

　　有的人求职，面试成否？有关键的语言；经商营业，赚钱或赔本？有他关键的观念。谈情说爱，能否投缘？有关键的因缘。有的人在一生当中，为了一个人，成为成败的关键；为了一件事，成为胜负的关键；为了一句话，成为别人对你印象好坏的关键；为了一个观念，成为自己一生成败、得失、升沉、死活的关键。

　　因与果之间，因能成为果，中间的"缘"是最重要的关键。把一粒种子放在密闭的玻璃杯里，如何能开花结果？"因"的种子，之所以能发芽，继而开花结果，端看中间的阳光、空气、水分等助缘是否充足，这是它的关键。

我们不要小看一颗螺丝钉，它可能是使一部大机器运转的关键；我们也不能轻视一个小小的按钮，它可能就是造成世界毁灭的关键。稻禾成熟，五谷丰登，就要靠关键的雨水；一场战争，援兵与武器，往往成为最后胜败的关键。

世间上，人情有人情的关键，钱财有钱财的关键，事业有事业的关键，成败有成败的关键。有时候，时间就是我们的关键；交什么样的朋友，也可能成为前途的关键；读什么书，也可以成为思想、智慧的关键。

每逢选举，都有一些关键性的选民、关键性的政见；企业家的万亿财富，当中也有他关键的时节与关键的人、事、物。有的人经常慨叹"万事俱备，只欠东风"，这就是没有关键性的"临门一脚"来助他成事。

但是，关键性的助缘，从大处说，社会的大环境，对我们固然有重要的影响力；从小处看，自己的举心动念，都与成败有关。因为世间一切事情，都有他缘起缘灭的关键性原因，所以我们可以从整体面去看人间事，但是从中也能看到细部的一点、一刻。因此，只要我们做事能面面俱到，还怕关键性的因缘没有机会聚合成就吗？

好恶

　　儒家说："恻隐之心，人皆有之。"其实"好恶之念"，也是人皆有之。

　　说到好恶，好的，爱之欲其生；坏的，恶之欲其死。我们每个人一生当中，好多的大事都有好之、恶之的看法；即使在一天当中，于生活中的琐碎之事，也有好之、恶之的习惯。例如，对一件衣服的颜色、款式，各有好之、恶之的分别；对一桌的饭菜，所谓各人口味不同，也都各有所好与各有所恶。

　　在每个国家的各个大学里，都设有许多的研究所，或是开办各种科系，固然是为国家造就了多方面的人才，但其最初的立意，无非也是为了就着学子们的好之、恶之的性格而权宜开设。

　　交朋友，近朱者赤，近墨者黑，皆由各人的好恶观念而左右。有的人对于亲生父母，百般地忤逆反抗；有的人虽是异姓、异乡人士，他却认作义父、义母。可见好恶难有标准，只看当事

怨恨不满，是烦恼的根源；
感恩知足，是快乐的泉源。

接受的人生是贫穷的，感恩的人生才宝贵。一点头、一微笑、主动助人，都是无限恩典。因此，国家、父母、师长、亲朋的滴水之恩，都要涌泉以报。

人的心中一念。

诗人看到月光，诗情画意；小偷仰望月光，视如寇仇。我喜欢一个人，信仰他，崇拜他，他如圣如贤；一个人，我不喜欢他，视他如仇如敌。喜欢吃臭豆腐的人，臭豆腐是珍馐美味；对不喜欢吃的人而言，臭不可闻也。

好恶就是一个人的喜欢不喜欢、我爱我不爱，有的人好逸恶劳，有的人好善恶恶。一个人的性格如何，从他的好恶、爱憎当中，可以看出端倪。有的人好名好利，有的人好强好胜，有的人好权好势，但也有的人好仁好义、好忠好孝、好慈好悲，可以说各有所好，但从中也可以看出各人的内涵和操守是优是劣了。

好恶之心，还是一般世间人的人心、人性，一个人如果不要太强调自我的好恶，能以大众之所好为好，所谓"人之所好，我好之；人之所恶，我恶之"。不以一己之成见来强分好恶，而能还给世间好恶的标准，所谓忠奸、善恶、义利，自有他的人生规范与意义。

假如说我们要更上一层楼，在佛教里认为，能把好恶之心、得失之念更加淡化，所谓"不思善，不思恶"，从中去找到一个无分别的世界，那么人生就更加能够解脱自在了。

排队

　　排队是文明的表现、排队是耐性的考验、排队是忍让的精神、排队是守法的教育、排队是对别人的尊重、排队是公共道德的基本法则。

　　先进、文明的国家和地区，在任何场合都讲求排队，如上厕所要排队、等车要排队、入海关要排队、入学登记注册要排队、上银行存款取钱要排队、到政府机关办事要排队、至餐馆吃饭要排队、看电影要排队，看医生也要排队，上下飞机、火车、公车都要排队，买东西结账要排队，到游乐场所，玩任何一项游乐器材都要排队，甚至在火车站、飞机场，也可看到大排长龙，排队买车票的情形，乃至车子上路，亦不可随便超车、不可闯红灯，要排队开车，才不至于造成交通混乱，以及生命的危险。

　　排队，是依序不超越，是礼仪的规范，荀子曰："人无礼则不生，事无礼则不成，国家无礼则不宁"，如果社会上每个人，都能彼此相互礼让，社会就能井然有序、人民自然祥和安乐。

排队是一种美德、排队是守纪律，有时，排队也会救人命。如美国的九一一事件，因为人们能排队鱼贯下楼，不争先恐后，而减少了踩伤踏死的悲剧。不过，一些落后的地区，常因不排队，人们争抢救济品，而发生踏死惨剧。前阵子，有大都市的学生，因互挤推拉下楼，竟有五名学生被踩死；也有二十岁的女郎，因争夺地铁座位，而被挤落隧道致死的悲剧。所以，排队是人生重要的规则，千万不要为了几分钟的等待，而将自他的生命，置于危险之中。

人们常因排队等待多时，或时间紧迫，而引起自身和他人的烦躁、愤怒，甚至感到疲劳。不过，也有人在排队时，与人聊天，而成为新朋友的。

在排队时，如果有人插队，就容易引起口角、争执，甚至互殴。插队的人，是没有将心比心、是自私的行为，而烦躁、愤怒，更是无助于队伍的缩短或加速，这时，素称"礼仪之邦"的我们，就要靠"忍"的功夫了，所以排队也是"忍"的养成。

其实，在排队时，可以听音乐、看书、欣赏周遭的人生百态、看看风景、了解四周的商圈，甚至策划文案，或是念佛、参话头，就不会觉得等待的时间难熬了。

排队是自律的行为，如果每个人都能守秩序，排队等候，不插队，不拥挤，人人都有"从我做起"的道德心，则排队将成为一件文明的律己守则。

顺势

做人要有力量，有力量才能忍受挫折，才能化解逆境，才能成就事业。力量来自于智慧、学问、愿心、忍耐等。此外，有权、有势的人，所谓权力、势力，这种外在的力量，如果用来"仗势欺人"固然不好，但是善于应用的人，所谓"因势利导"，常能发挥很大的力量，所以做人要顺势而为。

顺势，就是随顺因缘。顺风航行的船只，不但争取时间，而且会平安抵达；顺风飞行的飞机，从台湾到洛杉矶，因为顺风，只需十小时三十分钟，如果是回程，逆风而行就要十四个小时。

自古以来的英雄好汉，为了社会混乱，民生疾苦，他们顺势收拾人心，做出一番事业；现代的企业家，因为科技发达，顺势制造很多新产品流通，为社会开拓庞大的财富。

现在的道路开发，也讲究随顺人民的需要，顺势给人利益；家居建设，讲究动线的设计，也是为了一切要顺势才好。农夫种植，要在适当的气候顺势播种；商品的推销，也要符合节令，顺势推出，必然一本万利。

养儿育女，看他成长中的性好所在，顺势给他栽培；结交朋友，只要不是很大的为难，顺势给人一点好言好语、好因好缘，也算是顺势表达对朋友的关照之心。

讲演的人，讲到精妙之处，听懂的人情不自禁会给予掌声，我们随顺情势，热烈鼓掌，给予鼓励；一场表演，演到精彩之处，顺势热烈的掌声欢呼，也是顺势给他鼓励。

美好的人情义理，必能顺势打动人心，美好的善举好事，必能获得别人的助力。普贤十大愿中，所谓"随喜功德"，平时不管认识不认识的人，对面走来，顺势一句问好，给人一个笑容，都是美好的随喜，都应该顺势去做。

山岗不要太陡，顺势而下，多么逍遥；道路平坦，不要太崎岖，顺势而行，必然早达目的地。做官的人，有了地位，顺势帮人排难解纷；从事教育的人士，引古证今，讲说义理，顺势引导学生树立自己的人品道德。

懂得顺势的人生，必然会一帆风顺，前途顺畅；如果不能顺势，逆天行事，则会大事不妙。例如：不当的侵略，无法获得人民的支持，必然失败；不当的言论，不能顺势给人信服奉行，必然遭到反弹；硬是逆着人情、义理，给人伤害、糟蹋、谩骂，必然会遭到不好的反应。

落井下石，是不好的顺势；墙倒众人推，也是不好的顺势。

平时常存一分好心，自然能给人很好的顺势；心中常存不好的恶念，自然就会幸灾乐祸地给人一些负面的顺势。

《佛遗教经》说："仰天而唾，唾不至天，反堕己面；逆风扬尘，尘不至彼，还坌己身。"顺势说一句好话，顺势给人一点意见，顺势给人一些助缘。所谓"现成西来意"，何不把握因缘，顺理成章做好事呢？

人生，顺势是美好的生命，能够顺理、顺情、顺事、顺人、顺言、顺意、顺心，甚至即使是稍感不顺，也不是不好；能够顺势而行，当然就会事半功倍，还怕何事不能成功呢？

往生

"往生"一词，不只是佛教徒百年之后，发愿投生到佛国净土，叫做"往生"。世间上，凡是流动的生命，从此处迁徙到他处，都应该叫做"往生"。

小的树木移植后，才更容易成长；秧苗经过插种，才能长大结实。徐风流动，空气才会清新；流水潺潺，才更见清澈。搬家乔迁，此处不住，"往生"他处；此地的职业告一段落，迁往他处就业，这许多都可以名之为"往生"。

现代的移民，都是感觉此地不合居留，要迁"往"他处居住"生"存。女孩子嫁人，要前"往"夫家"生"活；学子前"往"学校苦读，以便将来创造"生"命的意义。所以难怪佛教把到佛国净土，定名曰："往生"。

"往生"一词非常美好，他让人感到生命不是死亡就算结束，此间死亡，只是肉体老朽后的淘汰，生命可以依其目的，往生到更善更美的去处。因此一般佛教信士，对于人之生死，看得非常平淡，因为他知道，这一期的色身毁坏，继起的生命又会在他处流转，何必要为生死挂碍呢？

人的一生，就拿人体的新陈代谢来说，也都是"昨日之我，已非今日之我；今日之我，亦非明日之我"；因为细胞的繁殖、生死、代谢，让我们赖以生存的身体，一直在生生灭灭中不断老化。

甚至人从母亲怀胎十月生下之后，就不断地在世间各地"往"来，求其"生"命的出路。进入学校读书，一日复一日，早出晚归，有去有来，这也有"往生"之意。公务人员朝九晚五，为了生计，养家糊口，"往"来繁忙，也是为了"生"存。

早上出门，不必挂念，晚上自然会回家；今日去了，也不必着急，明日还会复来，所以我们的生命也如同平常的时日，来来去去，生生死死。

生命就好像时钟一样，虽有运转，但是周而复始，还会回来。信仰净土宗的人更主张，往生以后还会乘愿再来，所以"往生"一词，给予人生命的空间，让人对生命怀有无限的希望。因为有了希望，因此一个人对于往生，早也好，迟也好，生也好，死也好；生也是为了死，死了还会再重生，生死有什么值得挂碍的呢？

输与赢

　　人类自有历史以来，只要有人的地方，就一直在玩着"输与赢"的游戏。

　　输与赢，大至国家，如史上的第一次世界大战、第二次世界大战，不就有多少的国家输了，也有多少的国家赢了？小至个人，一盘棋、一次擂台比武，也都是为了争个我胜你负。甚至整个社会，商场上的巨贾大亨，每天都在争事业上的胜负；学校里的莘莘学子，也是在争成绩上的胜负。运动场上，田径、球赛等，无不在争着胜负；官场里，政治、党派，彼此勾心斗角，也都是为了胜负。

　　人生立足于社会，好像早已注定了离不开输与赢。例如官场上的选举，选票一开，就有胜负结果；运动场上的竞技，时间一到，哨子一响，即刻分出胜负双方。输与赢在人们的生活里，已经是不可少的行为。兄弟阋墙，父子翻脸，朋友成仇，甚至夫妻离异，也都希望讨个公道，论个输赢。

输赢之间，胜者固然洋洋得意，败者更是垂头丧气。如《法句经》说："胜则生怨，负则自鄙；去胜负心，无争自安。"诚哉斯言。

其实，人类已经是宇宙间的胜利者，强者的人生，把弱者狠狠地抛在遥远的地方。你看，人类征服海洋，征服太空，征服野兽，征服大自然，可以说，人类是太空、大自然、野兽的胜利者。只可惜，人战胜不了自己，不能打败自己的烦恼，不能战胜自己的忧悲，甚至颠倒妄想，也可以让人输得永无宁日。尤其生死之间，一次传染病，一场不治之症，管你多强的英雄豪杰，也只得向无常报到。

人在胜负里，都没有绝对的胜者与负者，唯有不争，才无胜负；因为只有无常，他们才是最后的胜利者。因此，世间上很多的胜者，其实也未必是胜，负者也未必是负。楚汉之争，汉高祖是胜者，楚霸王是败者，但是汉朝的子孙，残杀斗争，真是不忍目睹。古今多少豪杰，都是不可一世的英雄人物，但是落得后代萧条，又怎么能说是胜利者呢？

左宗棠是围棋高手，有一次出征途中，见一茅庐悬挂着"天下第一棋手"的匾额。好奇入内，与主人连弈三盘，对方皆输。临走的时候左宗棠对主人说："你天下第一棋手的匾额可以卸下了。"后来左宗棠从前线班师回朝，又路经茅舍，看到"天下第一棋手"的匾额仍在，甚为生气。入内再与主人对弈，三盘皆输。问其故？主人答："上回您有任务在身，要率兵打仗，我不能挫您的锐气，故而手下留情，如今您已得胜归来，我当然全力以赴，当仁不让啦！"

输与赢、胜与负之间，能懂得此中奥妙的人，才是人生真正的赢家。

死不起

　　我们走进百货公司，看到琳琅满目的货品，心中常会慨叹"买不起"；平时经过大街小巷，看到高入云霄的大楼，或是美轮美奂的洋房别墅，心中好生羡慕，但是多数人也是"住不起"。

　　菜市场里各类抢先出产的新鲜果菜，心里虽然想买，但是实在"吃不起"；服装店里各款名牌衣服，虽然适合自己的身材，然而也是"穿不起"。平时就要好好保健身体，一旦生病了，昂贵的医疗费用实在"病不起"；看到别人养宠物，小猫小狗真是可爱，但是想到每日多出的开支也只得放弃，因为"养不起"。

　　出国留学，明知那一所是世界名校，只是自己"读不起"；创业时，看到才干能力俱佳的人，也是只有惋惜"雇不起"。看到青年男女出双入对，卿卿我我，想到自己还是光棍一个，因为"娶不起"；看到为非作歹的坏人，只有自己躲避，因为"得罪不起"。

　　贤能的人对我"看不起"；不健全的人，我也"瞧不起"。争执的时候，偶尔我也会胜利，但是内心感到有愧，觉得"赢不起"；有时候失败了，内心也会无比懊恼，这是我"输不起"。自己只有一项比较良好的习惯，和人相处时，别人的热诚招呼、厚待、护持、关爱，觉得实在"对不起"。

在很多的"当不起"、"扶不起"、"禁不起"、"受不起"之中，古今大多数的人都还有一个"死不起"。古人重礼，对亲人死后的埋葬，所费"花不起"，有时只得"卖身葬亲"，或是借贷来处理亲人死后的债务。可以说，除了富贵人家之外，死的艰难，"死不起"的感受，不光是死者畏惧、恐怖死亡，对人生之最后一副"死不起"的样子，就是活着的人，也为了张罗、处理后事，而感到"负担不起"。

现在社会进步，科技发达，人民的福利优厚，除了公务人员生儿育女时有津贴补助以外，一般学子读书上学，有各种奖学金、助学贷款；青年创业有补助办法，甚至生病了，都有医疗保险。唯独死亡，除了因公殉职可以得到抚恤以外，一般大众真是"死不起"。

人一有了疾病，除了住院、医疗费用之外，万一死了，棺木、殡葬、寿衣、福地，甚至诵经超度、进塔安位……这一笔庞大的费用，不是一个普通家庭所能负担。所幸现代人类思想开通，对丧葬办法除以往的土葬外，还有求其简单的火葬、海葬、树葬、花葬等。在生时贪图拥有、极力聚集，但是死后还要在地球上占有一席之地，有何意义？所以现在有些社会人士兴起了一个新的行业——"生前契约"，又叫"预约未来"，也就是由自己生前就把后事安排妥当。

根据统计，台湾每年死亡人数大约有五十万人，一人平均五十万元的后事费用，全台湾一年所费约需二百五十亿元，所以大家都想从死人身上赚一笔。但是死亡是悲苦的事，希望一些从事殡葬行业的慈悲人士，在这种时候能多多发心护持贫户丧家，不可以趁势想要再捞一笔，否则将会制造更多"死不起"的人间悲苦，真是令人情何以堪！

开源节流

在经济学上，有一个千古不易的致富秘诀，那就是"开源节流"。一个人的生涯规划里，不能少了"开源节流"。创新一种事业，先要评估，在这项事业上我能开源节流吗？甚至一年高达千万亿元的预算，也不能只是把它当成纸上的数字，而是需要有人在实际情况里，例如：负责主计室和经济部的人，要能确实有一套开源节流的方法，政府的各部门才能顺利运作。

开源节流的方法很多，有的人在家中的庭院里，种上几棵蔬菜，偶尔锅中所煮，不必花钱购买，这是他"开源节流"的所得；有的人从山边引水到厨下，无需动用自来水，一年也能节省不少开支。

现在家家几乎都有冷气机，懂得把冷气设在一定的室温下，不要经常动用开关，这也是节约能源的方法。团体里人多，每日垃圾量大，如果能够加以分类，不但减少处理垃圾的搬运费，还能资源回收，增加一笔额外收入。

　　开源节流不一定只限于经济能源上，平时多结交一些朋友，多发心担任义工，多培养与别人互动的因缘，这也是社会人际关系的开源节流。

　　购买东西，分期付款，这是开源节流；不用的物品，能省则省，少了堆置的拥挤，多了空旷的简朴，这也是开源节流的良好习惯。甚至于对自己不当看的东西不看，免得视力疲倦；不当听的语言不听，免得听出是非烦恼；不当做的事不做，免得造业；不当想的不想，免得心烦意乱，这都是身体的节流。

　　此外，身体也可以开源。当看的人，不但要看，还要行注目礼，而且要看出个中的所以然来；当听的，不但听懂，而且要听出别人话中的弦外之音；应该想的，不但要思维前后、左右的因果关系，而且要竖穷三际、横遍十方，把宇宙万有、世界人生，都想在自己的心中。每天所思所想，都是道，都是德，都是学，都是扩大，都是普遍，这都是开拓自己能量的源流。

　　其实，开源节流固然是与资本、能量等外在的因缘条件有关，例如：没有高山，又如何能开采出金银宝藏？没有沙漠、海洋，又怎能开采出原油？但是也有许多的修道者，他们不看外界，专看内心；不想他方，只是思维本性。卧榻之上，一书在手，可以周游天下；蒲团之间，未尝不能开辟心中的天地。

　　说到开源节流，外在的天地，内心的世界，都可以开源节流。只是"工欲善其事，必先利其器"，你开发能源的条件是什么呢? 拥有智慧、信仰、毅力、能量, 通达因缘所成, 明白共有关系, 所谓"开源节流", 对我们的贡献, 其大可知。

附录：
星云大师佛学著作

中文繁体版

《释迦牟尼佛传》

《十大弟子传》

《玉琳国师》

《无声息的歌唱》

《海天游踪》

《佛光菜根谭》

《佛光祈愿文》

《合掌人生》

《星云法语》

《星云说偈》

《星云禅话》

《觉世论丛》

《金刚经讲话》

《六祖坛经讲话》

《八大人觉经十讲》

《观世音菩萨普门品讲话》

《人间佛教论文集》

《人间佛教语录》

《人间佛教序文书信选》

《人间佛教当代问题座谈会》

《当代人心思潮》

《人间佛教戒定慧》

《迷悟之间》(全十二册)

《人间佛教系列》(全十册)

《佛光教科书》(全十二册)

《佛教丛书》(全十册)

《往事百语》(全六册)

《星云日记》(全四十四册)

中文简体版

《迷悟之间》(全十二册)

《释迦牟尼佛传》

《在入世与出世之间——星云大师佛教文集》

《宽心》

《舍得》

《举重若轻·星云大师谈人生》

《风轻云淡·星云大师谈禅净》

《心领神悟·星云大师谈佛学》

《不如归去》

《低调才好》

《一点就好》

《快不得》

《人生的阶梯》

《舍得的艺术》

《宽容的价值》

《苹果上的肖像》

《学历与学力》

《一是多少》

《三八二十三》

《未来的男女》

《爱语的力量》

《修剪生命的荒芜》

《留一只眼睛看自己》

《定不在境》

《禅师的米粒》

《点亮心灯的善缘》

《如何安住身心》

《另类的财富》

《人间佛教书系》(全八册)

《佛陀真言——星云大师谈当代问题》(全三册)

《金刚经讲话》

《六祖坛经讲话》

《星云大师谈幸福》

《星云大师谈智慧》

《星云大师谈读书》

《星云大师谈处世》

《往事百语》(全三册)

《佛学教科书》

《星云法语》

《星云说偈》

《星云禅话》

《包容的智慧》

《佛光菜根谭》